Richard Sennett

Die Kultur des neuen Kapitalismus

Aus dem Amerikanischen von Michael Bischoff

Büchergilde Gutenberg

Das vorliegende Buch basiert auf Vorlesungen, die Richard Sennett 2004 im Rahmen der Castle Lectures in Ethics, Politics and Economics an der Yale University gehalten hat.

Die Originalausgabe erschien 2006 unter dem Titel *The Culture of the New Capitalism* bei Yale University Press, New Haven und London.

www.buechergilde.de
Lizenzausgabe für die Büchergilde Gutenberg, Frankfurt am Main, Wien und Zürich
Mit freundlicher Genehmigung des Berlin Verlags, Berlin
Für die deutsche Ausgabe

Lektorat: Matthias Weichelt
Reihengestaltung: Klaus Detjen, Holm
Umschlagfoto: © Berlin-Verlag
Herstellung: Thomas Pradel, Frankfurt am Main
Satz: Dörlemann Satz, Lemförde
Druck und Bindung: Ebner & Spiegel, Ulm
Printed in Germany 2006 · ISBN 3 7632 5675 X

Inhalt

Vorwort

Vor einigen Jahren baten mich Vertreter der Yale University, doch einmal meine Forschungen und über die Jahre entstandenen Schriften zum Thema »Arbeit« zusammenzufassen. Das klang eigentlich ganz einfach: ein auf drei Castle Lectures verteilter Überblick. Ich hätte es besser wissen sollen. Die Aufgabe erwies sich als gar nicht so einfach und erforderte weit mehr als bloße Arbeit.

Ich danke John Kulka von der Yale University Press und vor allem meiner Forschungsassistentin Monika Krause für ihre Hilfe.

Einleitung

Vor einem halben Jahrhundert, in den 1960er Jahren – jener sagenumwobenen Zeit der freien Sexualität und des freien Zugangs zu Drogen –, nahmen ernste junge Radikale die Institutionen ins Visier. Vor allem Großunternehmen und staatliche Verwaltungen, die wegen ihrer Größe, Komplexität und Unnachgiebigkeit den Einzelnen fest im Griff zu haben schienen. Das »Port Huron Statement«, ein Gründungsdokument der Neuen Linken aus dem Jahr 1962, ging gleichermaßen hart mit dem sozialistischen Staat und mit den multinationalen Konzernen ins Gericht. Beide Regime erschienen dabei als bürokratische Gefängnisse.

Die Geschichte hat den Verfassern des »Port Huron Statement« ihren Wunsch zumindest teilweise erfüllt. Die sozialistische Herrschaft der Fünfjahrespläne und der zentralisierten Wirtschaftslenkung ist nur noch Vergangenheit. Ebenso das kapitalistische Unternehmen, das seinen Beschäftigten eine lebenslange Stellung sicherte und Jahr für Jahr dieselben Produkte oder Dienstleistungen anbot. Auch die Institutionen des Gesundheits- und Bildungswesens sind in ihrer Form nicht mehr so eindeutig festgelegt und deutlich kleiner als früher. Die Politiker verfolgen heute dasselbe Ziel wie die

Radikalen vor fünfzig Jahren: die Zerschlagung starrer Bürokratien.

Doch die Geschichte hat der Neuen Linken ihren Wunsch in perverser Form erfüllt. Die Rebellen meiner Jugendzeit glaubten, durch die Zerschlagung der Institutionen könnten sie Gemeinschaften hervorbringen: direkte zwischenmenschliche Beziehungen des Vertrauens und der Solidarität, die immer wieder neu verhandelt und verändert würden; eine gemeinschaftsorientierte Welt, in der jeder sensibel auf die Bedürfnisse der anderen reagierte. Das ist ohne Zweifel nicht geschehen. Die Fragmentierung der Großinstitutionen bedeutet für viele Menschen auch eine Fragmentierung ihres Lebens. Der Arbeitsplatz ähnelt eher einem Bahnhof als einem Dorf. Die Anforderungen der Arbeit haben eine Desorientierung des Familienlebens mit sich gebracht. Und die Migration ist die Ikone des Globalisierungszeitalters, das uns drängt, weiterzuziehen statt uns niederzulassen. Die Zerschlagung der Institutionen hat nicht zu mehr Gemeinschaft geführt.

Wenn Sie zu nostalgischen Gefühlen neigen – und welche empfindsame Seele täte das nicht? –, dürften Sie darin nur einen weiteren Grund für ein Gefühl des Bedauerns erblicken. Doch das letzte halbe Jahrhundert war auch eine Zeit, in der Reichtum geschaffen wurde, in Asien und Lateinamerika und in den Ländern des Nordens, ein neuer Reichtum, der eng mit der Zerschlagung starrer staatlicher Strukturen und bürokratischer Unternehmensverwaltungen zusammenhing. Auch die technologische Revolution feierte in der letzten Generation ihre größten Erfolge in den am wenigsten zentral gelenkten Institutionen. Solch ein Wachstum hat einen hohen Preis, nämlich eine wachsende ökonomische Ungleichheit und zunehmende soziale Instabilität. Dennoch wäre die Ansicht unvernünftig, dass diese wirtschaftliche Explosion niemals hätte stattfinden sollen.

An dieser Stelle kommt die Kultur ins Bild. Und »Kultur« meine ich eher im anthropologischen als im künstlerischen

Sinne. Welche Werte und Praktiken können den Zusammenhalt der Menschen sichern, wenn die Institutionen, in denen sie leben, zerfallen? Meine Generation bewies zu wenig Fantasie bei der Beantwortung dieser Frage, als sie auf die Tugenden kleiner Gemeinschaften setzte. Gemeinschaft ist nicht das einzig mögliche Bindemittel einer Kultur. Auch die Menschen einer Großstadt leben offensichtlich in einer gemeinsamen Kultur, obwohl sie einander nicht kennen. Doch das Problem der kulturellen Bindung ist keine bloße Frage der Größe.

Nur eine bestimmte Art von Menschen vermag unter instabilen, fragmentierten sozialen Bedingungen zu prosperieren. Dieser Idealmensch muss drei Herausforderungen meistern.

Die erste betrifft die Zeit: Er muss mit kurzfristigen Beziehungen und mit sich selbst zu Rande kommen, während er von einer Aufgabe zur anderen, von einem Job zum nächsten, von einem Ort zum anderen wandert. Wenn Institutionen keinen langfristig stabilen Rahmen mehr bereitstellen, muss der Einzelne möglicherweise seine Biographie improvisieren oder sogar ganz ohne ein konstantes Ichgefühl auskommen.

Die zweite Herausforderung betrifft die Qualifikation: Wie kann man neue Fertigkeiten entwickeln und mögliche neue Fähigkeiten erschließen, wenn die Anforderungen der Realität sich verändern? In der modernen Wirtschaft haben viele Fertigkeiten praktisch nur noch eine kurze Lebensdauer. In Technologie und Naturwissenschaften wie auch in den avanciertesten Bereichen der Produktion müssen die Beschäftigten im Schnitt alle acht bis zwölf Jahre ganz neue Fähigkeiten erlernen. Auch Fähigkeiten und Fertigkeiten sind eine Frage der Kultur. Die in Entstehung begriffene neue Sozialordnung kämpft gegen das Ideal einer handwerklichen Einstellung, bei der es darum geht, eine Sache optimal zu beherrschen. Das Festhalten an diesem Ideal erweist sich oft als ökonomisch destruktiv. Statt an einer handwerklichen Einstellung orientiert sich die moderne Kultur an der Idee einer Meritokratie, die nicht auf vergangene Leistungen, sondern auf potenzielle Fähigkeiten blickt.

Die dritte Herausforderung resultiert aus der zweiten und betrifft die Bereitschaft, Gewohnheiten aufzugeben und sich von der Vergangenheit zu lösen: Die Chefin eines dynamischen Unternehmens erklärte kürzlich, niemand in ihrem Betrieb dürfe sich seiner Stellung deshalb sicher sein, weil er auf vergangene Verdienste verweisen könne. Wie soll man auf diese These positiv reagieren? Dazu bedarf es einer besonderen Ausprägung der Persönlichkeit, die bereits gemachte Erfahrungen gering schätzt. Diese Persönlichkeitsausprägung ähnelt eher einem Konsumenten, der ständig nach Neuem sucht und dafür selbst noch völlig intakte alte Güter wegwirft, als einem Eigentümer, der eifersüchtig über seinen Besitz wacht.

Ich möchte hier nun zeigen, wie die Gesellschaft nach diesem Idealmenschen sucht. Und ich werde bei meiner Beurteilung dieser Suche über die gewohnte wissenschaftliche Zurückhaltung hinausgehen. Ein kurzfristig orientiertes, auf mögliche Fähigkeiten konzentriertes Ich, das vergangene Erfahrungen bereitwillig aufgibt, ist – freundlich ausgedrückt – eine ungewöhnliche Sorte Mensch. Die meisten Menschen sind nicht von dieser Art. Sie brauchen eine durchgängige Biographie, sind stolz darauf, bestimmte Dinge gut zu können, und legen Wert auf die Erfahrungen, die sie in ihrem Leben gemacht haben. Das von den neuen Institutionen erhobene Ideal verletzt viele der in ihnen lebenden Menschen.

Ich sollte dem Leser etwas über die Forschungserfahrungen erzählen, die mich zu diesem Urteil veranlassen. Die Kritik der Neuen Linken an den bürokratischen Großorganisationen war meine eigene, bis ich Ende der 1960er Jahre begann, weiße Bostoner Familien aus der Arbeiterklasse zu befragen, Menschen, die in der Mehrzahl schon seit zwei oder drei Generationen in der Stadt lebten. (Das Buch, das Jonathan Cobb und ich über sie schrieben, trägt den Titel *The Hidden Injuries of Class.*) Diese Menschen fühlten sich keineswegs von der Bürokratie bedrängt, sondern waren fest verankert in den soliden institutionellen Realitäten. Stabile Gewerkschaften, Großunternehmen und relativ festgefügte Märkte gaben ihnen Orientierung. Innerhalb dieses Rahmens bemühten sich diese Männer und Frauen aus der Arbeiterklasse, ihrem niedrigen Status in einem Land mit angeblich geringen Klassenunterschieden einen Sinn abzugewinnen.

Nach dieser Studie gab ich diesen Forschungsgegenstand für eine Weile auf. Wie es schien, hatte der amerikanische Großkapitalismus ein triumphales Niveau erreicht, auf dem das Leben der Arbeiterklasse noch eine Weile in seinen festgefügten Bahnen verlaufen würde. Ich hätte mich nicht schlimmer irren können. Der Zusammenbruch des Währungsabkommens von Bretton Woods nach der Ölkrise 1973 führte zu einem Abbau nationaler Investitionsbeschränkungen. Viele Unternehmen bemühten sich, durch einen entsprechenden Umbau attraktiver für eine neue Gruppe internationaler Investoren zu werden, die mehr auf kurzfristige Gewinne an den Aktienmärkten als auf langfristige Gewinne durch Dividenden aus waren. Auch die Arbeitsplätze begannen, ähnlich leicht und schnell die nationalen Grenzen zu überschreiten. Dasselbe galt für Konsum und Kommunikation. In den 1990er Jahren ließen die Fortschritte auf dem Gebiet der Mikroelektronik den alten Traum oder Albtraum von der Automatisierung der Handarbeit und Büroarbeit allmählich Wirklichkeit werden. Nun war es billiger, in Maschinen zu investieren, als Menschen für ihre Arbeit zu bezahlen.

Darum kehrte ich zur Befragung von Arbeitern zurück, wenn auch nicht von Handarbeitern, sondern von Mittelschichtangehörigen, die im Epizentrum des weltweiten Booms arbeiteten, nämlich in den High-Tech-Industrien, im Bereich der Finanzdienstleistungen und in den Medien. (Das ist der

Gegenstand meines Buches *Der flexible Mensch.*) Dort hatte ich die Möglichkeit, das kulturelle Ideal des neuen Kapitalismus in seiner robustesten Form kennen zu lernen, denn der Boom erweckte den Eindruck, man könne reich werden, wenn man kurzfristig dachte, die eigenen Fähigkeiten entwickelte und ansonsten nichts bedauerte. Stattdessen traf ich jedoch auf eine große Gruppe von Angehörigen der Mittelschicht, die das Gefühl hatten, den Dingen hilflos ausgeliefert zu sein.

Ende der 1990er Jahre ging der Boom seinem Ende entgegen, wie es bei allen Konjunkturzyklen geschieht. Als in der Wirtschaft Ernüchterung eintrat, zeigte sich jedoch, dass die globale Wachstumsphase bleibende Spuren in außerökonomischen Bereichen, insbesondere in den Institutionen des Sozialsystems, hinterlassen hatte. Diese Spuren sind gleichermaßen kultureller und struktureller Art. Die Werte der New Economy sind zu einem Bezugspunkt für die Denkweise des Staates im Blick auf Abhängigkeit oder Selbstverwaltung im Gesundheitswesen oder im Rentensystem geworden, aber auch hinsichtlich der Qualifikationen, die das Bildungssystem vermitteln soll. Da ich als Kind selbst »von der Sozialhilfe« gelebt habe, stand das neue kulturelle Modell für mich in einem deutlichen Gegensatz zur Kultur jenes Sozialwohnungsprojekts in Chicago, in dem ich meine Kindheit verbrachte. (Diese Prägung ist Gegenstand meines Buches *Respekt im Zeitalter der Ungleichheit.*)

Ich habe mich in dem vorliegenden Buch bemüht, nicht einfach nur meine früheren Texte zusammenzufassen, in denen ich die Rolle des Konsums innerhalb der Ökonomie vernachlässigt habe. Hier versuche ich stattdessen in aller Kürze der Frage nachzugehen, inwiefern neue Formen des Konsums das Besitzstreben verringern und welche politischen Folgen sich daraus ergeben. Ich habe intensiver als früher über das Verhältnis zwischen Macht und Autorität in der Arbeitswelt nachdenken müssen. Der Blick zurück hat mich veranlasst, nach vorn zu schauen und dabei den Versuch zu machen, den

Geist der handwerklichen Einstellung in der geistigen wie auch der körperlichen Arbeit zu erkunden.

Vor allem aber musste ich das »Amerikanische« an meiner bisherigen Forschung überdenken. In den 1970er Jahren beherrschte Amerika die Weltwirtschaft. In den 1990er Jahren führte es die institutionellen Veränderungen an, die zu einer neuen Art von Ökonomie führten. Amerikanische Forscher meinen daher oft, die Ausdrücke »amerikanisch« und »modern« seien austauschbar. Doch diese Einbildung ist heute nicht mehr möglich. Der chinesische Weg zum Wachstum ist ganz anderer Art als der amerikanische und außerdem kraftvoller. Die Wirtschaft der Europäischen Union ist größer als die der Vereinigten Staaten und in mancherlei Hinsicht auch effizienter, selbst in den neuen Mitgliedsstaaten, und das ohne Nachahmung Amerikas.

Ausländische Leser meiner neueren Bücher neigen zu der Ansicht, in diesen ginge es um Gründe, die amerikanische Arbeitsweise abzulehnen, da sie bei der Übertragung in andere Weltregionen nur Schaden anrichte. Das entspricht jedoch nicht wirklich meinen Absichten. Die strukturellen Veränderungen, die ich beschreibe, kennen gewiss keine nationalen Grenzen. Der Niedergang der lebenslangen Beschäftigung zum Beispiel ist keine rein amerikanische Erscheinung. Als »kulturell bedingt« kann lediglich die Art und Weise gelten, wie Amerikaner mit den im materiellen Leben eingetretenen Veränderungen umgehen.

Es gibt ein Klischee, wonach die Amerikaner im Geschäftsleben ein aggressives Konkurrenzdenken an den Tag legen. Doch unter dieser Klischeevorstellung verbirgt sich eine andere, passivere Mentalität. Amerikaner aus der Mittelschicht, wie ich sie im letzten Jahrzehnt befragt habe, neigen dazu, die strukturellen Veränderungen resigniert hinzunehmen, als wäre der Verlust an Sicherheit am Arbeitsplatz oder in den wie Unternehmen geführten Schulen unausweichlich: An solchen grundlegenden

Veränderungen könne man wenig ändern, auch wenn sie wehtäten. Die Zerschlagung großer Institutionen, von der oben die Rede war, ist jedoch kein gottgegebenes Schicksal. Und sie ist nicht einmal die Norm in der amerikanischen Arbeitswelt. Die New Economy umfasst erst einen kleinen Teil der Gesamtwirtschaft. Allerdings übt sie einen beträchtlichen moralischen und normativen Einfluss aus, da sie die Maßstäbe setzt, an denen auch die Entwicklung der übrigen Wirtschaft sich orientieren soll. Ich hoffe, die Amerikaner werden diese Ökonomie in ähnlicher Weise behandeln, wie es Außenstehende meist tun: als einen Veränderungsvorschlag, der wie alle Vorschläge einer strengen Kritik bedarf.

Dabei sollte der Leser sich der kritischen Denkmuster des Ethnographen bewusst sein. Wir hören stundenlang einzelnen Menschen oder Gruppen zu, die über sich selbst, ihre Werte, ihre Ängste und Hoffnungen sprechen. In dieser Zeit werden all diese Dinge beim Erzählen überdacht und gleichsam neu geordnet. Der aufmerksame Ethnograph achtet auf die Gründe, weshalb Menschen sich in Widersprüche verwickeln oder mit ihrem Verständnis der Dinge in eine Sackgasse geraten. Der Befragende erhält keinen fehlerhaften Bericht, sondern wohnt der subjektiven Erforschung sozialer Komplexität bei. Die Unklarheiten, Deformationen und Probleme, die bei der persönlichen Darstellung des Glaubens, der Nation oder der Klasse auftreten, bilden das Kulturverständnis des betreffenden Menschen.

Diese soziologische Methode ist außerordentlich gut und zugleich schlecht dafür geeignet, die Bedeutung der aktuellen Innovationen zu ergründen. Sie ist gut geeignet, weil sich die gesellschaftliche Bedeutung der Ströme und Flüsse durch die Interpretation im Kopf des Befragten mit dem eigentlichen Arbeitsprozess überschneidet. Sie ist schlecht geeignet, weil die meisten Probanden an Tiefeninterviews teilnehmen, um zu Lösungen zu gelangen und Erklärungen für ihre Stellung in der Welt zu finden. Der fließende Charakter der Dinge vereitelt diesen Wunsch. Ideologische Vorschläge für den erfolgreichen Umgang mit dem »Neuen« erweisen sich als illusorisch, wenn die Menschen lange genug darüber nachdenken.

Als ich mich daranmachte, die Kultur des neuen Kapitalismus zu beschreiben, wie die Yale University mich gebeten hatte, musste ich mich daher mit den Grenzen meiner Arbeitsmethoden und den Frustrationen subjektiver Forschung auseinander setzen. Ich habe mir deshalb die große und unverzeihliche Freiheit herausgenommen, für die Menschen zu sprechen, die ich über die Jahre befragt habe. Ich habe versucht, zusammenzufassen, was in ihren Köpfen vorging. Wenn ich mir diese Freiheit herausnehme, bin ich mir sehr wohl der Tatsache bewusst, dass ich das wahrscheinlich fundamentalste kulturelle Problem unter den Teppich kehre: Ein großer Teil der sozialen Realität ist für die Menschen, die sie zu begreifen versuchen, unverständlich.

In den folgenden Kapiteln werde ich mich mit drei Fragen auseinander setzen: wie Institutionen sich verändern; in welcher Weise die Angst, überflüssig zu sein oder zurückgelassen zu werden, mit den Qualifikationen in der »Wissensgesellschaft« zusammenhängt; und welcher Zusammenhang zwischen Konsumverhalten und politischen Einstellungen besteht. Die institutionellen Veränderungen am Arbeitsplatz, die ich hier beschreibe, gelten tatsächlich nur für die avanciertesten Bereiche der Wirtschaft: den High-Tech-Bereich, die weltweit agierenden Finanzdienstleister und für neue Dienstleistungsunternehmen mit mehr als 3000 Beschäftigten. Die meisten Menschen in Nordamerika und Westeuropa arbeiten nicht in solchen Unternehmen. Dennoch geht der kulturelle Einfluss dieses kleinen Ausschnitts der Gesamtwirtschaft weit über dessen zahlenmäßige Größe hinaus. Die neuen Institutionen geben die neuen persönlichen Qualifikationen und Fertigkeiten vor, und diese neue Formel aus Institution und Qualifikation prägt die Konsumkultur; das Konsumverhalten beeinflusst wiederum die Politik und insbesondere deren progressiven Teil. Ich erschließe ganz unverfroren die Kultur des Ganzen aus einem kleinen Teil der Gesellschaft, weil die Vertreter einer bestimmten Art von Kapitalismus so viele Menschen davon überzeugt haben, dass ihr Weg der Weg der Zukunft sei.

Die Apostel des neuen Kapitalismus behaupten, dass ihre Version der drei Grundthemen – Arbeit, Qualifikation, Konsum – für größere Freiheit in der Gesellschaft sorge, für eine fließende Freiheit oder eine »flüchtige Moderne«, wie der Philosoph Zygmunt Bauman[1] sie so treffend genannt hat. Ich streite nicht mit ihnen über die Frage, ob ihre Version des Neuen real ist. Institutionen, Qualifikationen und Konsummuster haben sich in der Tat verändert. Ich behaupte vielmehr, dass diese Veränderungen den Menschen keine Freiheit gebracht haben.

1 Zygmunt Bauman, *Liquid Modernity,* Cambridge 2000; dt.: *Flüchtige Moderne,* Frankfurt/M. 2003.

Erstes Kapitel
Bürokratie

Eine neue Seite aufschlagen

Am besten versuchen wir erst einmal, den Gegensatz zwischen Altem und Neuem ein wenig mit Inhalt zu füllen. Und gleich zu Beginn stutzen wir. »Alles Ständische und Stehende verdampft«, schrieb Karl Marx über den Kapitalismus – vor einhundertsechzig Jahren.[2] Seine Version der »flüchtigen Moderne« kam aus einer idealisierten Vergangenheit. Zum Teil spiegelten sich darin nostalgische Gefühle für den uralten Rhythmus der Landschaft, den Marx niemals selbst erlebt hatte. So bedauerte er denn auch den Niedergang der vormodernen Handwerkszünfte und des ruhigen Lebens der Bürger in den Städten, die sein eigenes revolutionäres Projekt ganz sicher verflucht hätten.

Das einzig Konstante am Kapitalismus scheint seit den Zeiten von Marx die Instabilität zu sein. Die Umwälzung der Märkte, der Veitstanz der Investoren, der plötzliche Aufstieg,

---

2 Karl Marx und Friedrich Engels, *Manifest der Kommunistischen Partei*, München 1978, S. 73.

Zusammenbruch oder Wandel von Unternehmen, die massenhafte Zuwanderung von Arbeitskräften auf der Suche nach Arbeit oder einer besseren Arbeitsstelle – solche Bilder von der Energie des Kapitalismus prägten das 19. Jahrhundert und wurden Anfang des letzten Jahrhunderts noch einmal in einer berühmten Wendung zusammengefasst, diesmal von dem Soziologen Joseph Schumpeter, der von »schöpferischer Zerstörung«[3] sprach. Heute scheint der Kapitalismus mit dieser instabilen Energie völlig aufgeladen zu sein – wegen der globalen Ausbreitung der Produktion, der Märkte und der Finanzdienste sowie des Aufstiegs neuer Technologien. Doch heute behaupten die an diesem Wandel Beteiligten, dass wir keineswegs immer tiefer ins Chaos stürzen, sondern vielmehr eine neue Seite der Geschichte aufschlagen.

Schwarz-Weiß-Gegensätze sind stets suspekt, vor allem wenn sie Fortschritt suggerieren. Nehmen wir das Problem der Ungleichheit. Unmittelbar vor der Landwirtschaftskrise der 1880er Jahre besaßen in Großbritannien 4000 Familien 43 Prozent des gesamten Vermögens. In den letzten beiden Jahrzehnten des 20. Jahrhunderts stand die Ungleichheit zwar in einem anderen Kontext, war aber ebenso ausgeprägt. In Großbritannien wie auch in Amerika nahm der Reichtum des obersten Fünftels der Familien in diesen beiden Jahrzehnten zu, der des obersten Zehntels wuchs beträchtlich, der des obersten Hundertstels sogar exponentiell. Während die Einwanderer am unteren Ende der Skala gleichfalls etwas zulegten, stagnierten die Einkommen der mittleren drei Fünftel der angloamerikanischen Bevölkerung. Eine neuere Studie der Internationalen Arbeitsorganisation lässt dieses Bild der Ungleichheit etwas genauer hervortreten: Während die Ungleichheit in den 1990er Jahren insgesamt zunahm, war der Rückgang der Einkommen

---

3 Joseph Schumpeter, *Kapitalismus, Sozialismus und Demokratie,* Tübingen 1993, S. 134ff.

besonders ausgeprägt bei Teilzeitbeschäftigten und unterbeschäftigten Arbeitern. Auch bei den älteren Menschen in Großbritannien und Amerika nahm die Ungleichheit zu.[4]

Ein weiteres irreführendes Merkmal dieses Schwarz-Weiß-Gegensatzes ist die Annahme, stabile Gesellschaften hätten eine stagnierende Wirtschaft. Das galt zum Beispiel nicht für Deutschland vor dem Ersten oder Amerika nach dem Zweiten Weltkrieg, und es gilt heute nicht für kleinere Volkswirtschaften wie die schwedische oder norwegische. Trotz des nordischen Hangs zu düsterer Introspektion haben es die Länder am Nordrand Europas geschafft, relative Stabilität mit Wachstum zu verbinden und eine gleichmäßigere Einkommensverteilung wie auch einen höheren Lebensstandard zu sichern als Amerika oder Großbritannien.

Das wohl umstrittenste Moment unter den »Neuheiten« ist die Globalisierung. Der Soziologe Leslie Sklair vertritt die durch zahlreiche volkswirtschaftliche Daten gestützte These, die Globalisierung sei lediglich eine Erweiterung der in der Mitte des 20. Jahrhunderts entstandenen multinationalen Konzerne.[5] Nach seiner Meinung übernehmen Chinesen möglicherweise die Rolle, die früher den amerikanischen Multis zufiel, doch das Spiel sei immer noch dasselbe. Dagegen führen Anhänger der Neuartigkeitsthese eine ähnliche Fülle unabweisbarer materieller Tatsachen ins Feld: den Aufstieg der zu einer Weltwirtschaft eigener Art verbundenen Megacitys und die Innovationen in der Kommunikationstechnologie oder im Verkehrswesen, die dafür gesorgt hätten, dass unser Lebensraum, unsere Sozialkontakte und der Transport von Waren kaum noch etwas mit den früheren Formen gemein haben.

---

4 *Socio-Economic Security Programme, Economic Security for a better world,* Genf, International Labor Organization, 2004.

5 Leslie Sklair, *Globalization: Capitalism and Its Alternatives,* Oxford 2002.

Bei diesem Streit geht es um mehr als nur ökonomische Umstände. Die multinationalen Konzerne waren eng mit der Politik der Nationalstaaten verflochten. Heute dagegen haben die weltweit agierenden Unternehmen Investoren und Anteilseigner in aller Welt, und die Besitzverhältnisse sind zu komplex, als dass sie sich den Interessen eines einzelnen Landes unterordnen ließen. So hat sich etwa der Ölkonzern Shell vollständig von den politischen Zwängen in den Niederlanden oder in Großbritannien gelöst. Die radikalste These zur Neuartigkeit unserer Zeit wäre die Behauptung, die Nationalstaaten seien dabei, ihre ökonomische Bedeutung zu verlieren.

Ich möchte mich auf einen Aspekt des Vergleichs zwischen damals und heute konzentrieren, der uns nicht so vertraut ist, und dieser Aspekt betrifft die Institutionen.

Die Anhänger der Neuartigkeitsthese behaupten, Marx habe die Geschichte des Kapitalismus falsch verstanden. (Der Ausdruck »Kapitalismus« selbst wurde später von dem Soziologen Werner Sombart geprägt.) Er habe sich gerade deshalb geirrt, weil er an die permanente schöpferische Zerstörung geglaubt habe. Nach Ansicht seiner Kritiker versteinerte das kapitalistische System rasch zu einer starren Hülle. Anfangs verband sich die Routine in den Fabriken mit der Anarchie der Aktienmärkte, doch gegen Ende des 19. Jahrhunderts war die Anarchie abgeklungen, und die verhärtete Schale der Bürokratie in den Unternehmen wurde noch dicker. Erst heute sei diese Schale aufgebrochen worden.

An dieser Sicht der Vergangenheit trifft manches zu, wenn auch nicht in der Weise, wie die Anhänger der Neuartigkeitsthese es sich vorstellen.

In den Fabriken des frühen 19. Jahrhunderts verband sich geisttötende Routine mit instabiler Beschäftigung. Nicht nur den Arbeitern fehlte es am nötigen Schutz, auch die Unternehmen selbst waren oft schlecht strukturiert und daher anfällig für Zusammenbrüche. Nach einer Schätzung waren 1850 in

London 40 Prozent der arbeitsfähigen Männer arbeitslos, die Insolvenzrate für neu gegründete Unternehmen lag bei 70 Prozent. Mitte des 19. Jahrhunderts publizierten nur wenige Firmen ihre Geschäftsdaten, sofern sie denn überhaupt erhoben wurden. Die Buchführung beschränkte sich vielfach auf die bloße Feststellung von Gewinn und Verlust. Zu einem statistischen Verständnis der Geschäftskreisläufe gelangte man erst Ende des 19. Jahrhunderts. An solche Daten dachte Marx, wenn er von der materiellen und geistigen Instabilität der industriellen Ordnung sprach.

Dieser »primitive« Kapitalismus war in der Tat zu primitiv, um sozial und politisch überleben zu können. Der primitive Kapitalismus war ein Aufruf zur Revolution. In den hundert Jahren zwischen den 1860er und den 1970er Jahren erlernten die Unternehmen die Kunst der Stabilität; sie sorgten für langfristige Geschäftsprozesse und erhöhten die Zahl der Beschäftigten. Der freie Markt hatte keine Auswirkungen auf diesen Stabilisierungsprozess; eine wichtige Rolle spielte hingegen die interne Organisation der Unternehmen. Sie rettete sich vor der Revolution durch die Übernahme militärischer Organisationsmodelle.

Die Analyse der Militarisierung der Zivilgesellschaft Ende des 19. Jahrhunderts verdanken wir Max Weber. Die Unternehmen agierten zunehmend wie Armeen, in denen jeder seinen Platz hat und ganz bestimmte Funktionen ausübt.[6]

Als junger Mann hatte Max Weber mit gemischten Gefühlen den Aufstieg eines neuen, vereinigten Deutschland beobachtet. Seit Jahrhunderten genoss die preußische Armee wegen ihrer Effizienz einen legendären Ruf. Während man in vielen europäischen Armeen weiterhin Offiziersposten ganz unabhängig von den eigenen Fähigkeiten kaufen konnte und die

---

6 Max Weber, *Parlament und Regierung im neugeordneten Deutschland*, München 1918, S. 13f.

einfachen Soldaten nur eine primitive Ausbildung erhielten, bemühte man sich im preußischen Heer um eine strenge Ordnung. Die Befehlskette war enger als in der französischen oder britischen Armee, die Pflichten der einzelnen Dienstgrade innerhalb der Befehlskette waren strenger und logischer definiert. In Bismarcks Deutschland begann man, dieses militärische Modell auch auf Unternehmen und Institutionen der Zivilgesellschaft zu übertragen, in Bismarcks Augen vor allem, um den inneren Frieden zu sichern und eine Revolution zu verhindern. Der Arbeiter, der um seine gesicherte Position weiß, wird selbst bei großer Armut weniger anfällig für eine Revolte sein als ein Arbeiter, der nicht weiß, welche Stellung er in der Gesellschaft einnimmt. Das war die Grundlage für den sozialen Kapitalismus.

Es ist eine Ironie, wenn Schumpeters frühere Analyse der Ökonomie zeigte, dass mit der Ausbreitung dieses militarisierten sozialen Kapitalismus die Geschäfte profitabler wurden. Denn obwohl der Hunger nach dem schnellen Dollar, Pfund oder Franc durchaus erhalten blieb, sehnten die Investoren sich auch nach vorhersagbaren, langfristigen Erträgen. Ende des 19. Jahrhunderts hielt erstmals ein militärischer Umgangston Einzug in die Sprache der Investitionsentscheidungen. Damals tauchten Begriffe wie »Investitionskampagne«, »strategisches Denken« oder auch »Ergebnisanalyse« (ein Lieblingswort des Generals Clausewitz) in diesem Bereich auf – und das aus gutem Grund. Schnelle Profite hatten sich als Illusion erwiesen, vor allem im Bereich von Infrastrukturprojekten wie den Eisenbahnen oder städtischen Verkehrssystemen. Im 20. Jahrhundert schalteten sich auch die Arbeiter in den Prozess der strategischen Planung ein. Ihre Bauvereine und Gewerkschaften dienten dem Ziel, die Stellung der Arbeiter zu stabilisieren und zu sichern.

Was die Profitmärkte an Risiken einbrachten, versuchte die Bürokratie zu reparieren. Die Bürokratie schien *effizienter* zu sein als die Märkte. Das »Streben nach Ordnung«, von dem der Historiker Robert Wiebe gesprochen hat, griff von der Geschäftswelt auf den Staat und schließlich auch auf die Zivilgesellschaft über. Als die Lehre des strategischen Profits Eingang in das Idealbild eines effizienten Staates fand, festigte sich auch die Stellung der Beamten. Ihre bürokratische Praxis gewann noch größere Unabhängigkeit gegenüber politischen Richtungswechseln.[7] In der Zivilgesellschaft erfuhren die Schulen eine zunehmende Standardisierung der Arbeitsweise und der Lehrinhalte. Berufe sorgten für Ordnung in den Tätigkeitsfeldern der Medizin, des Rechts und der Wissenschaft. In Webers Augen führten all diese Formen einer ursprünglich aus militärischen Quellen stammenden Rationalisierung des institutionellen Lebens zu einer Gesellschaft, deren Normen für Brüderlichkeit, Autorität und Aggression gleichfalls militärisch geprägt waren, auch wenn die Zivilisten selbst nicht den Eindruck haben mochten, dass sie wie Soldaten dachten. Als Beobachter der Moderne befürchtete Weber, das 20. Jahrhundert könne von einem Ethos des bewaffneten Kampfes beherrscht werden – was ja auch tatsächlich eintrat. Als Nationalökonom behauptete er, die Armee sei ein konsequenteres Vorbild für die Moderne als der Markt.

Im Mittelpunkt dieses militärisch-sozialen Kapitalismus stand die Zeit: eine langfristige, zunehmende und vor allem vorhersagbare Zeit. Die aufgebürdete Bürokratie hatte ebenso große Auswirkungen auf den Einzelnen wie die institutionellen Regelungen. Die rationalisierte Zeit eröffnete den Menschen die Möglichkeit, ihr Leben als Geschichte zu begreifen – nicht im Sinne eines notwendigen Geschehens, sondern einer Norm, als Ordnung der Erfahrung. So wurde es zum Beispiel möglich, die Stufen einer normgerechten beruflichen Laufbahn zu definieren und eine langfristige Arbeit im Dienst eines Unterneh-

7 Robert H. Wiebe, *The Search for Order*, New York 1967.

mens in Zusammenhang mit bestimmten Einkommenszuwächsen zu bringen. Viele Handarbeiter konnten damit erstmals den Plan fassen, ein Haus zu kaufen. Die Realität der geschäftlichen Chancen und Risiken verhinderte ein derartiges strategisches Denken. Im Strom der realen Welt und insbesondere der wirtschaftlichen Zyklen verlief die Realität natürlich nicht nach Plan, doch die Vorstellung, planen zu können, bestimmte den Bereich der individuellen Aktivitäten und Möglichkeiten.

Auch die rationalisierte Zeit bedeutete einen tiefen Eingriff ins subjektive Leben. Das deutsche Wort »Bildung« bezeichnet einen Prozess persönlicher Bildung, der einen jungen Menschen zu einer kontinuierlichen Lebensführung befähigt. Im 19. Jahrhundert erhielt Bildung einen institutionellen Rahmen. Im 20. Jahrhundert zeigten sich dann die Ergebnisse ganz konkret, so Mitte des Jahrhunderts in Arbeiten wie *The Organization Man* von William Whyte, *White Collar* von C. Wright Mills oder *Le phénomène bureaucratique* von Michel Crozier. Nach Whytes Vorstellung von bürokratischer Bildung wird die Stetigkeit der Zielsetzung wichtiger als plötzliche Ausbrüche von Ehrgeiz innerhalb der Organisation, die nur kurzfristige Erfolge bringen. Croziers Analyse der Bildung in französischen Unternehmen stützte sich auf das zentrale Bild einer Leiter, an dem sich das Selbstverständnis des Einzelnen ausrichtet: Man steigt auf der Leiter hinauf oder hinab oder bleibt auf einer Stufe stehen, aber es gibt stets eine Sprosse, auf die man treten kann.

Nach der Neuartigkeitsthese sind die Institutionen, die dieses lebensgeschichtliche Denken ermöglichten, inzwischen »verdampft«. Die Militarisierung der sozialen Zeit ist zerfallen. Diese These stützt sich auf einige offenkundige Tatsachen. Dazu gehört das Ende der lebenslangen Anstellung, die Erosion der Laufbahn innerhalb einer einzelnen Institution sowie im öffentlichen Bereich die Tatsache, dass die staatlichen Sozialsysteme heute eher kurzfristig ausgerichtet und kaum noch miteinander verbunden sind. Der Finanzguru George Soros hat diese Veränderungen in den Satz gefasst, im Umgang der Menschen miteinander seien heute »Transaktionen« an die Stelle der »Beziehungen« getreten.[8] Andere sagen, das gewaltige Wachstum der Weltwirtschaft sei nur deshalb möglich gewesen, weil die institutionelle Kontrolle über den Strom der Güter, Dienstleistungen und Arbeitskräfte abgenommen habe. Dies hätte die Einwanderung zahlloser Menschen in die »graue Ökonomie« der Großstädte ermöglicht. Wieder andere verweisen auf den Zusammenbruch des Sowjetimperiums 1989 als Ende einer institutionellen Ordnung, in der sich militärische Regulierung und Zivilgesellschaft nicht voneinander unterscheiden ließen.

In der Debatte über die institutionalisierte Zeit geht es ebenso um Kultur wie um Wirtschaft und Politik. Alles dreht sich um Bildung. Warum das so ist, kann ich vielleicht unter Rückgriff auf meine Forschungserfahrung deutlich machen.

Als ich Anfang der 1990er Jahre mit der Befragung von Programmierern in Silicon Valley begann, schienen sie wie trunken von den technologischen Möglichkeiten, aber auch von der Aussicht auf plötzlichen Reichtum. Viele dieser jungen Programmierer waren ihrem Vorbild Bill Gates von Microsoft gefolgt und hatten eine Universitätslaufbahn abgebrochen, um Software zu schreiben. In ihren anonymen Büros im Süden von San Francisco stank es nach alten Pizzas. Auf dem Boden lagen Futons und Schlafsäcke herum. Sie hatten das Gefühl, an der vordersten Front eines Wandlungsprozesses zu stehen. Keine der alten Regeln lasse sich hier noch anwenden, sagte man mir oft. Auch die Investoren, die ihr Geld in diese Projekte steckten, dachten offenbar so. Firmen, die keinerlei Einkünfte erzielten, gewannen über Nacht plötzlich an Wert und verloren ihn wieder. Die Bankiers zogen weiter. Die jungen Technologie-

8 George Soros, *The Crisis of Global Capitalism, Open Society Endangered*, London 1998.

freaks hatten vollkommen andere Vorstellungen als die von Whyte oder Crozier beschriebenen jungen Bürokraten. Sie verachteten die Stetigkeit der Zielsetzung, und wenn sie scheiterten, wie es oft geschah, zogen sie gleichfalls weiter wie die Bankiers. Diese Toleranz für das Scheitern fand ich am eindrucksvollsten. Es schien, als hätte das Scheitern keine persönlichen Folgen für sie.

Erst als die Dotcom-Blase 2000 platzte und größere Vorsicht in Silicon Valley Einzug hielt, entdeckten diese jungen Leute, was es wirklich hieß, in einer neuartigen Welt zu leben. Die häufigste Reaktion, die mir begegnete, war das Bekenntnis der jungen Programmierer, sich einsam zu fühlen. »Niemand will mehr etwas von dir wissen«, sagte mir einer von ihnen. »Sie haben schon zu viele kluge Ideen gehört.« – »Die Szene ist nach Boston umgezogen«, erklärte mir ein anderer, »ins Biotech-Land, und da gehöre ich nicht hin.« In ihrer Einsamkeit entdeckten sie plötzlich die Zeit – die Formlosigkeit der Zeit, die ihnen zuvor so gut gefallen hatte, und das Fehlen von Regeln, die festlegten, wie man vorgehen sollte. Die neue Seite der Geschichte, die sie aufschlagen wollten, war leer. In dieser Vorhölle, isoliert und ohne Lebensgeschichte, entdeckten sie das wahre Scheitern.

Man könnte sagen, diese Entdeckung unterscheide sich nicht sonderlich von der Entdeckung des Maschinenführers, dass seine Fähigkeiten nicht mehr gebraucht werden. Oder von der eines Studenten, der sich den Medienwissenschaften zuwenden möchte und weiß, dass Millionen anderer junger Leute denselben Wunsch hegen. Sie alle sind mit der Aussicht auf Wandel konfrontiert.

Und vor diesem Hintergrund sollten wir den kulturellen Unterschied zwischen Altem und Neuem sehen. Die kulturelle Teilung führt uns tiefer in das Leben der Institutionen hinein.

Max Weber analysierte, bewunderte und fürchtete zugleich die deutsche Lösung einer militärisch orientierten Sozialordnung. Als Analytiker erkannte er, dass das »preußische Modell« den Kapitalismus auf einen anderen Weg bringen würde, als Marx ihn vorausgesehen hatte. Aber wie sähe das Leben innerhalb dieses Systems aus? Eine gut geführte Armee ist so organisiert, dass sie Niederlagen auf dem Schlachtfeld überlebt. Ein gut geführtes Unternehmen ist so organisiert, dass es das Auf und Ab der Märkte überlebt. Außerhalb Deutschlands sah Weber Beispiele für diese These: Die mächtigen, vertikal aufgebauten Trusts und Monopole in den Vereinigten Staaten unterdrückten den Wettbewerb, und ihre Besitzer, zum Beispiel Andrew Carnegie und John D. Rockefeller, benahmen sich wie Generäle.

Das Geniale an diesem System war die Organisation der Befehlskette. Seit Adam Smiths Zeiten hatten »Manager« eine klare Vorstellung davon, wie Arbeitsteilung funktionierte. Das Smith'sche Modell zeigte, wie man eine komplexe Arbeitsaufgabe in Teile zerlegen musste, um möglichst effizient Kutschen oder Käse zu produzieren. Der Maßstab dieser Effizienz lag recht grob in der Menge der Erzeugnisse, die man möglichst schnell produzieren konnte, aber die eigentliche Probe für die Smith'sche Produktion war der Markt: Konnte man schneller als die Konkurrenten in großen Mengen Waren produzieren, die andere Leute kaufen wollten? Weber erkannte, dass Armeen zwar mit Arbeitsteilung arbeiten, Konkurrenz und Effizienz im militärischen Leben jedoch einen anderen Charakter besitzen.

Auf dem Schlachtfeld werden einige Soldaten alles verlieren. Dennoch müssen diese Soldaten bereit sein zu gehorchen, obwohl sie wissen, dass sie sterben müssen. In einer Armee muss der soziale Zusammenhalt zwischen den Soldaten absolut sein. Um den Zusammenhalt einer Armee zu sichern, muss die Funktion jedes Dienstgrades klar und präzise definiert sein, ganz gleich, wer noch lebt und die Funktion übernimmt oder ob die Armee vor einem Sieg oder einer Niederlage steht. Diese militärische Notwendigkeit prägte Webers Analyse des bürokratischen »Amtes« im zivilen Leben, wobei er den Ausdruck »Amt« für jede Funktion, vom Pförtner bis zum Leiter einer bürokratischen Großorganisation, verwandte.

Wie in der Armee, so ist effiziente Macht auch in den großen zivilen Bürokratien pyramidenförmig aufgebaut. Die Pyramide ist »rationalisiert«, das heißt, jedes Amt, jeder Teil hat eine genau definierte Funktion. Wandert man auf der Befehlskette von unten nach oben, sollte es immer weniger Menschen mit Entscheidungsgewalt geben, und wandert man umgekehrt von oben nach unten, kann die Organisation daher mehr Menschen aufnehmen, je weniger Macht man ihnen zubilligt. Man ist gut in seiner Arbeit, wenn man genau diese Arbeit macht und keine andere. Im liberalen Smithschen Modell gelangt man zu Wohlstand, wenn man mehr tut, als erwartet wird. In Webers militärischem Modell wird man bestraft, wenn man aus der Reihe tanzt.

Das Wesen dieses Modells ist die Zeit. Die Funktionen sind festgelegt und statisch. Das muss so sein, damit der Zusammenhalt der Organisation gesichert ist, ganz unabhängig davon, wer ein bestimmtes Amt innehat. Für Webers Pyramide, deren Struktur das Überleben angesichts von Umwälzungen sichern sollte, gab es indessen eine historische Entsprechung.

Weber staunte über den Sozialvertrag, den Bismarck mit den deutschen Arbeitern abzuschließen versuchte. Der Kanzler und seine Minister versprachen allen einen Platz innerhalb des Sozialsystems. Möglich wurde dieses Versprechen durch die Pyramidenform. Sie erlaubt es einem Unternehmen, in den unteren Rängen immer mehr Menschen einzustellen, wie ja auch eine Armee immer mehr Fußsoldaten aufzunehmen vermag.

Strukturen dieser Art können gleichsam fettleibig werden, um soziale Integration zu bewirken – wie man es heute etwa an den staatlichen Bürokratien in Italien oder Indien sehen kann. Bismarcks nüchterner Grund für die Verfettung der Institutionen war die Befriedung der Gesellschaft. Sie sollte Konflikte vermeiden, indem sie jedem einen Platz gab. Das politische und soziale Ziel der verfetteten Bürokratie ist also eher soziale Integration als Effizienz.

Genau aus diesem Grund bewunderte Weber die Militarisierung ziviler Institutionen zumindest teilweise, denn er war kein Freund der Revolution. Und er sah in der Pyramide ein gutes Mittel zur Förderung sozialer Gerechtigkeit. Jedes Amt definiert die Fähigkeiten und Fertigkeiten, die ein Mensch zu seiner Aufnahme benötigt, und die Pflichten, denen er nachkommen muss. In diesem Sinne ist die Bürokratie transparent. Aber er war auch zutiefst unglücklich über die persönlichen Folgen bürokratischer Stabilität und Transparenz.

Am Ende seines bekanntesten Werkes, *Die protestantische Ethik und der Geist des Kapitalismus*, wird diese Unzufriedenheit nur allzu deutlich. Wer eine lebenslange Laufbahn in solch einer Institution einschlägt, lebe in einem »stahlharten Gehäuse«.[9] In einer mit festgefügten Funktionen ausgestatteten Organisation erlebt man die Zeit so, als stiege man langsam die Treppen in einem Haus hinauf und hinunter, das man nicht selbst entworfen hat. Man lebt in einem Raum, den ein anderer für unser Leben entworfen hat. In der *Protestantischen Ethik* erklärt Weber, warum Menschen dazu bereit sind: Bürokratien lehren die Disziplin verzögerter Belohnung. Statt auf die unmittelbaren Folgen des aktuellen Tuns zu achten, lernt man, an einen zukünftigen Lohn zu denken, den man erhält, wenn man den Anordnungen heute folgt. Und genau hier öffnet sich eine Kluft zwischen der militärischen und der zivilen Pyramide.

---

9 Max Weber, *Die protestantische Ethik*, Gütersloh 1991, S. 188.

Das Militär bietet eine unmittelbare Belohnung: den Dienst am eigenen Land und die Solidarität mit den Kameraden. Die zukünftigen Belohnungen, die zivile Bürokratien versprechen, bleiben dagegen nach Webers Ansicht vielfach aus. Und er gibt dieser Enttäuschung eine subjektive Wendung: Ein Mensch, der die Disziplin des Aufschubs gelernt hat, kann es oft nicht zulassen, ans Ziel zu kommen. Viele getriebene Geister leiden unter diesem perversen Gefühl. Sie sind unzufrieden mit dem, was sie haben, und unfähig, sich am Erreichten zu erfreuen. Der Aufschub wird zu einer Lebensform. Webers Erkenntnis lag nun darin, diesen subjektiven Impuls in einen institutionellen Kontext zu stellen. Der Aufstieg auf der bürokratischen Karriereleiter kann zur Lebensform werden, so wie das »stahlharte Gehäuse« sich zu einem Gefängnis, aber auch zu einer psychologischen Heimat entwickeln kann.

Webers Pyramide wurde zu einer strukturellen Realität, die im 20. Jahrhundert die Großorganisationen beherrschte – wenn auch nicht auf jener psychologischen Ebene, die Weber beschrieben hatte. Riesenfabriken wie das Automobilwerk von General Motors in Willow Run waren Pyramiden. Der gesamte Produktionsprozess war in einem einzigen Gebäude von der Größe einer Kleinstadt untergebracht. Auf der einen Seite kamen die Rohstoffe herein, auf der anderen Seite fuhren fertige Automobile hinaus. Die Pyramide vereinheitlichte, zentralisierte und konzentrierte. In solchen Großfabriken und ihren Entsprechungen im Bereich der Verwaltung folgte die Arbeitsteilung anfangs dem von Smith vorgezeichneten Weg, während Frederick Taylor und andere Experten für Effizienzsteigerung sich um ein Mikromanagement jeder Bewegung und jedes Augenblicks in den Tätigkeiten der Beschäftigten bemühten. Diese Bemühungen um eine Mechanisierung des Menschen passten sich den Weber'schen Vorgaben an. Arbeitgeber und Gewerkschaften versuchten, dieses institutionelle Monstrum zu stabilisieren und zu regulieren, auch wenn das auf Kosten der Effizienz ging.

Auch der Wohlfahrtsstaat nahm die Form einer bürokratischen Pyramide an. Im sozialdemokratischen Denken waren Sozialleistungen wie Altersrente oder Schulausbildung universelle Rechte. In der Praxis zwang selbst der skandinavische oder der britische Wohlfahrtsstaat seine Klienten, im Umgang mit ihren eigenen Bedürfnissen wie Bürokraten zu denken. Die bürokratischen Regeln dienten in allererster Linie der Bürokratie. Ältere Menschen, Studenten, Arbeitslose und Kranke wurden verpflichtet, sich eher wie Amtsinhaber im Weber'schen Sinne zu verhalten statt als Individuen mit eigener Lebensgeschichte. Das System konzentrierte sich immer stärker auf seine Selbsterhaltung und Stabilität denn auf wirkungsvolle Hilfe.

Den Soziologen kann es in gewisser Weise nicht überraschen, dass die erste Hälfte des 20. Jahrhunderts von Kriegen geprägt war, denn die Organisationsform der Armeen war zum Vorbild für die Zivilgesellschaft geworden. Doch die »Militarisierung der Gesellschaft« würde uns zu falschen Schlussfolgerungen verleiten, wenn wir mit ihr eine bloße Masse blinder, unterwürfiger und gehorsamer Arbeiter oder entsprechende Klienten in den Sozialsystemen verbinden würden. Wäre Max Weber besser mit dem militärischen Leben vertraut gewesen, hätte er auch verstanden, warum das so war.

In einer Armee verändern sich die Befehle auf dem Weg durch die Befehlskette. Die Befehle des Generals werden vom Stab in die Praxis umgesetzt und an die im Feld herrschenden Bedingungen angepasst. Die Offiziere, Unteroffiziere und Mannschaftsdienstgrade bemühen sich dann ihrerseits, den Befehlen in ihrer aktuellen Umgebung Bedeutung zu verleihen. Alle gehorchen, aber alle interpretieren auch. Wenn ein Befehl in die Praxis umgesetzt und in diesem Sinne »übersetzt« wird, liegt der Ton auf dem »Übersetzen«. Je größer die Armee, desto größer die Notwendigkeit der Interpretation.

Eine ähnliche Vermittlung findet sich auch in zivilen Pyramiden, und sie ist einer der Gründe, weshalb Apostel der Effizienzsteigerung wie Frederick Taylor scheiterten. Seine Zeit- und Bewegungsstudien glichen den Befehlen eines Feldmarschalls, der bestimmen will, was im Feld geschieht und wie die Dinge dort getan werden. In der Praxis wurden all diese Vorschriften auf dem Weg durch die institutionelle Struktur interpretiert und durch Verhandlungen verändert. Mit einer geradezu kindlichen Unschuld klagte Taylor, seine doch so klaren und »wissenschaftlichen« Vorschriften würden in den von ihm beratenen Unternehmen verdreht und verfälscht. Die Realität ließ ihn im Stich.

Die durch Interpretation herbeigeführte Veränderung, die jeder bürokratischen Pyramide innewohnt, ist einer der Gründe, weshalb ich bei der Feldforschung für mein Buch *Der flexible Mensch* so vielen Menschen begegnete, die nicht der von Weber mit dem »stahlharten Gehäuse« umschriebenen Psychologie entsprachen. So fühlten die Beschäftigten bei IBM, einer Firma, die bis 1993 wie eine paternalistische Armee operierte, sich zweifellos in der Selbsterhaltungsstruktur des Unternehmens gefangen. Doch innerhalb dieser Grenzen verhandelten sie über die konkreten Anweisungen und interpretierten selbst, was es für sie als Einzelne bedeutete, wenn sie von einer Abteilung in die andere wechselten.[10] Analytiker der sozialen Strukturen mögen diese kleinen Verschiebungen (zum Nachteil ihrer Analyse) als unbedeutend abtun. Doch den in den Unternehmen beschäftigten Menschen gaben sie das Gefühl, selbst etwas zu tun. Die institutionelle Geschichte der Beförderungen und Herabstufungen wurde zu ihrer eigenen Lebensgeschichte. Wie in Armeen, so kann auch in Unternehmen die Unzufriedenheit mit der Institution durchaus mit starkem Engagement einhergehen.

10 Richard Sennett, *The Corrosion of Character,* New York 1998; dt.: *Der flexible Mensch,* Berlin 2000, S. 166–177.

Selbst ein im Allgemeinen unzufriedener Mensch, der die Möglichkeit erhält, den Dingen in seinem Bereich Sinn zu verleihen, entwickelt eine Bindung an die Organisation.

In meiner Feldforschung für *Respekt im Zeitalter der Ungleichheit* stellte ich fest, dass diese Kombination aus Unzufriedenheit und Engagement bei den öffentlichen Bediensteten in den pyramidenförmig-bürokratisch aufgebauten Einrichtungen des Wohlfahrtsstaates sogar noch stärker ausgeprägt war. In Chicago und London befragte ich Lehrer in den ärmlich ausgestatteten, heruntergekommenen Schulen der Innenstadtbezirke. In New York sprach ich mit Krankenschwestern in den hoffnungslos überfüllten staatlichen Krankenhäusern. Viele von ihnen hätten sich nach anderen Jobs umsehen können, aber sie taten es nicht. Denn sie leisteten, wie sie sagten, eine nützliche Arbeit.[11] Ihre persönliche Bindung beruhte wiederum auf den kleinen Verhandlungs- und Vermittlungsspielräumen, die ihre persönliche Präsenz in diesen Institutionen begründeten. Eine Krankenschwester in New York sagte mir, deshalb bleibe sie in einem ärmlichen staatlichen Krankenhaus, statt sich nach einer lukrativeren Arbeit als private Pflegerin umzusehen. Beide Tätigkeiten seien zwar nützlich, aber im Krankenhaus könne sie »etwas bewegen«.

Wenn ich *ad hoc* eine These zu der Struktur aufstellen sollte, die Bismarck für den sozialen Kapitalismus ersann und die Weber brillant analysierte, dann würde ich sagen, ihr größtes Vermächtnis war die Gabe der organisierten Zeit. Alle sozialen Beziehungen brauchen Zeit zu ihrer Entwicklung. Eine Lebensgeschichte, in der ein Individuum für andere wichtig ist, verlangt auch eine Institution, die ein Leben lang währt. Natürlich können getriebene Menschen ihr Leben darauf verschwenden, in solchen Institutionen auf Postenjagd zu gehen.

11 Richard Sennett, *Respect*, New York 2003; dt.: *Respekt im Zeitalter der Ungleichheit*, Berlin 2002, S. 243–247.

Doch die meisten Erwachsenen lernen, das Tier des Ehrgeizes zu zähmen. Wir leben nicht allein für solche Dinge. »Stahlharte Gehäuse« schaffen einen Rahmen für die mit anderen Menschen verbrachte Lebenszeit. Außerdem bieten bürokratische Strukturen die Möglichkeit, Macht zu interpretieren und ihr an Ort und Stelle Bedeutung zu verleihen. So geben sie den Menschen das Gefühl, etwas zu tun. Selbst in dysfunktionalen Institutionen wie denen des amerikanischen Wohlfahrtsstaates halten staatliche Bedienstete an dem Glauben fest, »etwas bewegen« zu können. Ist das eine Illusion? Vielleicht. Aber kein Erwachsener kommt ohne sie aus.

Das aus dem militärischen Bereich stammende Bild des »stahlharten Gehäuses« lässt an eine Bürokratie denken, die Umwälzungen überdauern soll. Wir setzen Bürokratie mit Stabilität und Festigkeit gleich. Doch das ist nun wirklich eine Illusion. Der soziale Kapitalismus hat sich als zerbrechlich erwiesen. In unserer Generation sah er sich mit Herausforderungen konfrontiert, die weder Bismarck noch Weber voraussagen konnten.

Aus dem Gehäuse befreit

Im 20. Jahrhundert traten drei neue Entwicklungen ein, die den Gedanken nahe legten, der soziale Kapitalismus werde bald nostalgische Erinnerung sein. Die ökonomischen Veränderungen sind intern sehr komplex, so dass ich die Zusammenhänge vereinfachen und nur jene Aspekte herausgreifen werde, die das Leben der Menschen in Institutionen am tiefsten beeinflusst haben.

Die erste Entwicklung war der Machtwechsel von den Managern zu den Anteilseignern in Großunternehmen. Für diesen Wechsel kann man ein genaues Datum benennen: Als das in Bretton Woods geschaffene Weltwährungssystem Ende der

1970er Jahre zusammenbrach, wurden weltweit gewaltige Mengen Kapital für Investitionen freigesetzt. Der auf lokale oder nationale Unternehmen beschränkte und in den Nationalbanken gehortete Reichtum konnte sich nun sehr viel leichter durch die ganze Welt bewegen. Es bestand ein gewaltiges Bedürfnis nach Investitionen von Geldern, vor allem in den ölreichen Staaten des Mittleren Ostens, in amerikanischen, japanischen und deutschen Banken sowie bei der chinesischstämmigen Bevölkerung des Pazifikraums. In den 1980er und 1990er Jahren folgten gigantische Pensionsfonds und kleine private Investoren diesem Strom und suchten rund um den Erdball nach neuen Möglichkeiten der Geldanlage.[12]

Auch das Bankgeschäft veränderte sich, um mit diesem Füllhorn umgehen zu können. Die Investitionsbanken wurden wahrhaft international. Das Netz der aus alten imperialen Zeiten stammenden Investitionsbanken in London wurde von amerikanischen, japanischen und deutschen Banken übernommen, die britische Firmen aufkauften. Die Londoner City ist ein globaler Finanzplatz geblieben, aber sie ist heute keine britische Institution mehr. Die Geschäftsbanken konzentrierten sich zunehmend auf das Geschäft mit Firmenzusammenschlüssen und Aufkäufen. Auch sie verloren ihre einstmals enge Bindung an nationale Interessen. In den 1950er Jahren entwickelte Siegmund Warburg die Technik der feindlichen Übernahme großer nationaler Unternehmen. Infolge des frei strömenden Reichtums wurde die feindliche Übernahme zu einer Kunstform, da das Geld überall nach Anlagemöglichkeiten suchte.

Anfangs glaubten die Manager, es mit Investoren zu tun zu haben, wie sie ihnen aus der Vergangenheit vertraut waren, also mit weitgehend passiven Institutionen und Indivi-

---

12 Saskia Sassen, *The Mobility of Labor and Capital: A Study in International Investment and Labor Flow*, Cambridge 1998.

duen. Sie meinten, die Aktivitäten der Firma würden weiterhin auf Jahreshauptversammlungen abgesegnet, auf denen allenfalls merkwürdig gekleidete ältere Damen und Aktivisten der Vegetarier unangenehme Fragen stellten. Aber die Manager mussten bald feststellen, dass sie sich getäuscht hatten. Aus den Investoren wurden aktiv Einflussnehmende. Zu einer Wende kam es hier, als große Pensionsfonds, die gewaltige Kapitalmengen kontrollierten, echten Druck auf das Management auszuüben begannen. Die zunehmende Verfeinerung der Finanzinstrumente, zum Beispiel des Leveraged Buyout, führte dazu, dass Investoren über den Fortbestand oder das Ende eines Unternehmens entscheiden konnten, während das Management hilflos zusehen musste.

Die Entwicklung und Verfeinerung der von den Anteilseignern ausgeübten Macht hatte zur Folge, dass die »Generäle« an der Spitze der betrieblichen Befehlskette nicht mehr die Unternehmensführer von einst waren, weil ganz oben eine neue, von der Seite einwirkende Macht entstanden war, die von außen und oft wirklich aus dem Ausland kam und zumeist keinerlei Rücksicht auf die Kultur nahm, die durch langfristige Assoziationen und Allianzen innerhalb des Unternehmens entstanden war.

Dieser Machtwechsel führte zu einer zweiten neuen Entwicklung. Die nun weitaus mächtigeren Investoren wünschten eher kurzfristige Ergebnisse als langfristige Erfolge. Sie bildeten die Kader des von Bennett Harrison so genannten »ungeduldigen Kapitals«. Maßstab für den Erfolg ist seither nicht mehr die Dividende, sondern der Aktienkurs. Mit dem Kauf und Verkauf von Aktien auf einem offenen, flüssigen Markt erzielte man raschere und größere Gewinne als durch das langfristige Halten von Anteilsscheinen. Während amerikanische Pensionsfonds 1965 Aktien im Durchschnitt 46 Monate lang in ihrem Portefeuille hielten, war die durchschnittliche Umschlagszeit bei institutionellen Anlegern im Jahr 2000 auf 3,8

Monate gesunken. Die reinen Kursgewinne traten zunehmend an die Stelle traditioneller Maßzahlen wie des Kurs-Gewinn-Verhältnisses – eine Erscheinung, die ihren Höhepunkt im Technologieboom der 1990er Jahre erreichte, als die Kurse mancher Unternehmen in die Höhe schossen, obwohl sie gar keine Gewinne erzielten.

Natürlich ist es keineswegs neu, dass Geld nach Anlagemöglichkeiten und schnellen Gewinnen sucht. Doch die Kombination einer so großen Menge freigesetzten Kapitals mit einer kurzfristigen Gewinnperspektive veränderte die Struktur jener Institutionen, welche die größte Anziehungskraft auf die mit neuer Macht ausgestatteten Investoren ausübten. Die Unternehmen gerieten unter einen gewaltigen Druck, in den Augen vorbeischlendernder Betrachter schön auszusehen. Und als schön galt eine Institution, wenn sie nach außen hin zeigen konnte, dass sie im Innern wandlungsfähig und flexibel war und sich als »dynamisches Unternehmen« präsentierte – auch wenn das einstmals stabile Unternehmen bestens funktioniert hatte. Firmen wie Sunbeam und Enron wurden dysfunktional oder korrupt, als sie versuchten, sich für diesen Schaulauf vor den Investoren herauszuputzen. Aber auch in Zeiten rückläufiger Märkte nahm der Druck auf die Unternehmen nicht ab. Institutionelles Beharrungsvermögen galt nicht mehr als positives, sondern als negatives Investitionskriterium. Stabilität erschien als Zeichen von Schwäche und zeigte dem Markt, dass die Firma nicht in der Lage war, innovativ auf Veränderungen zu reagieren, neue Betätigungsfelder zu finden oder in anderer Weise mit dem Wandel umzugehen.

Hier trat ein tief greifender Unterschied zur Theorie und Praxis früherer Generationen zu Tage. Rockefeller sicherte die Märkte, indem er Konkurrenz und Veränderungstendenzen ausschaltete. In Webers Modell beruhte der soziale Zusammenhalt auf der Überzeugung der Beteiligten, dass die Institution jeden Sturm da draußen überstehen werde. Jetzt jedoch galt die Bereitschaft, die eigene Organisation zu destabilisieren, plötzlich als positives Signal. Im Bereich der Unternehmensführung tat sich in dieser Hinsicht Louis Gerster von IBM besonders hervor. Er übernahm 1993 ein Unternehmen, dessen Bürokratien als »stahlhartes Gehäuse« der rigidesten Art gelten konnten. Und 1996 war das meiste davon zerschlagen.

Zu Beginn dieses Kapitels habe ich das Bild eines idealen Ich gezeichnet, das bereit ist, auf Besitzstände zu verzichten. Dieses Ideal wurde für Topmanager zu einer praktischen Notwendigkeit im Umgang mit dem Druck des ungeduldigen Kapitals. Sie mussten sich selbst ständig verändern und neu erfinden, wenn sie nicht auf den Geldmärkten scheitern wollten.

Die dritte Herausforderung für das »stahlharte Gehäuse« lag in der Entwicklung neuer Fertigungs- und Kommunikationstechnologien. Die weltweite Kommunikation wurde zu einer Frage des Augenblicks. Manche Analytiker wie Manuel Castells meinen, die Weltwirtschaft habe den Boden verlassen und sich in den Himmel erhoben, so dass der Ort keine Bedeutung mehr habe. Andere wie Saskia Sassen behaupten dagegen, die Großstädte, in denen die für Investition und Koordination erforderliche Arbeit getan wird, seien im Zeitalter der Globalisierung sogar noch wichtiger als früher. Aus der Sicht der in den Institutionen arbeitenden Menschen hat die Kommunikationsrevolution jedoch eine ganz andere Bedeutung.

Das Wachstum der Kommunikationstechnologie hat dafür gesorgt, dass eine Information eindeutig formuliert und in ihrer ursprünglichen Form im gesamten Unternehmen verbreitet werden kann. E-Mails und deren Ableger verringern das Maß an Vermittlung und Interpretation, das Anordnungen und Regeln auf dem Weg über die Befehlskette erfahren. Dank neuer Computertools zur Aufzeichnung wichtiger Unternehmensdaten können Informationen über den Fortgang von Projekten, die Entwicklung der Verkaufszahlen und die Leistung des Personals nun ohne jede Verzögerung und ohne vermittelnde Interpretation nach oben gelangen. Die Zeitverzögerung, mit der Entscheidungen der Führungsebene in der Automobilindustrie schließlich auf der Werkstattebene anlangten, betrug in den 1960er Jahren schätzungsweise fünf Monate; heute ist sie dramatisch auf wenige Wochen geschrumpft. Im Bereich des Verkaufs lässt sich die Leistung der Verkäufer heute in Echtzeit auf dem Bildschirm eines Homecomputers verfolgen.

Eine Folge dieser Informationsrevolution ist die Tatsache, dass an die Stelle der Veränderung und Interpretation von Anordnungen heute eine neue Form von Zentralisierung getreten ist. Diese Veränderung hat, wie wir noch sehen werden, tief greifende soziale Folgen. In der Unternehmensführung, die unter dem Druck des ungeduldigen Kapitals steht, führt dieser technologische Fortschritt ganz unmittelbar zu dem Glauben, genug zu wissen und daher Veränderungen ganz direkt von oben anordnen zu können. Dieser Glaube führt häufig zum Ruin der Firma.

Ein weiterer Aspekt der technologischen Revolution ist die Automatisierung. Sie hat tief greifende Auswirkungen auf die bürokratische Pyramide. Die Basis der Pyramide braucht nun nicht mehr sonderlich breit zu sein. Technologische Innovationen wie Strichcode-Lesegeräte, Spracherkennungssoftware, Scanner für dreidimensionale Objekte oder Mikromaschinen, mit denen sich die Arbeit von Fingern erledigen lässt, eröffnen nicht nur im Bereich der Handarbeit, sondern auch im Büro die Möglichkeit, Routinearbeiten abzuschaffen. Dabei geht es nicht allein um eine Verringerung der Gesamtbelegschaft. Das Management kann auch Einsparungen erzielen, indem es die Einschnitte bei den Funktionsschichten im unteren Bereich der Pyramide vornimmt – bei einer institutionellen Armee, in der die einfachen Soldaten überflüssig geworden sind.

Diese technologischen Möglichkeiten bedeuten, dass die Integration der Massen – das soziale Element des sozialen Kapitalismus – verdorren kann. Gerade die schwächsten Mitglieder der Gesellschaft, Menschen, die arbeiten wollen, aber über keine spezialisierten Qualifikationen verfügen, stehen in Gefahr herauszufallen. Natürlich waren die Fabriken und Büros früherer Zeiten keine Wohlfahrtseinrichtungen. Doch wie Bismarck als Erster erkannte, führt das Wirtschaftswachstum zu sozialen Verwerfungen und Unruhen, denen man durch die Verbreiterung der Beschäftigungsbasis begegnen kann. Wer heute auf diese alte Weise Arbeitsplätze schaffen will, ignoriert bewusst oder unwissentlich die moderne technologische Macht.

Mit der Ausbreitung der Automatisierung schrumpft der Anwendungsbereich bestimmter menschlicher Fähigkeiten. Mit einer Maschine ein Gespräch über das eigene Bankkonto zu führen, hätte vor fünfzig Jahren als Science-Fiction-Fantasie gegolten. Heute ist es eine Selbstverständlichkeit. Auch hier zeigt sich das idealisierte neue Ich: ein Mensch, der ständig neue Fähigkeiten erwirbt und seine »Wissensbasis« verändert. In der Realität steht hinter diesem Ideal die Notwendigkeit, nicht hinter der Maschine zurückzubleiben.

Die drei beschriebenen Entwicklungen sind heute nur für ganz bestimmte Wirtschaftsbürokratien bedeutsam. Es handelt sich um große Aktiengesellschaften, die in der Lage sind, die fortgeschrittenen Technologien zu nutzen. Solche Firmen finden sich im Bereich der Finanzdienstleister und Unternehmensberatungen, der Versicherungen sowie global agierender Fertigungs- und Transportunternehmen. Sie stützen sich bei ihren Aktivitäten auf kleinere spezialisierte Dienstleister im Bereich des Produktdesigns, der Werbung, der Medien und des Computerdesigns.

Die Mehrheit der Unternehmen in Amerika und Großbritannien hat dagegen weniger als 3000 Beschäftigte. Viele agieren nur in ihrem lokalen Umfeld oder befinden sich in Familienbesitz. Und bei manchen, zum Beispiel kleineren Baufirmen, handelt es sich um Handwerksbetriebe. Diese Firmen funktionieren auch weiterhin bestens als kleine bürokratische Pyramiden. Als älterer Investor könnten Sie sehr viel besser schlafen, wenn Sie Mitbesitzer einer lokalen Baufirma wären, statt sich auf den Markt für Derivate zu wagen. Und Weber bleibt ein zuverlässiger Führer, wenn es um die interne Funktionsweise solcher kleinen, pyramidenförmig aufgebauten Unternehmen geht.

Das müssen wir im Blick behalten, wenn wir die globalisierte, kurzfristig orientierte, technologisch komplexe Organisation als Modell für institutionellen Wandel beurteilen wollen. Große staatliche und halbstaatliche Institutionen und Körperschaften versuchen, sich ihrer institutionellen Vergangenheit nach diesem Vorbild zu entledigen. Allein schon das Bild einer großen, stabilen Bürokratie mit langfristig voraussagbarem Nutzen ist für politische Reformer eine Horrorvorstellung. Natürlich gibt es im Staatssäckel kein Gegenstück zu dem Berg aus liquiden Mitteln, auf denen globale Investoren heute sitzen. Hier sind die »Investoren« die Beschäftigten, die eine Gesundheitsversorgung und am Ende eine Rente erhalten, sowie die Eltern, aus deren Steuern die Schulen finanziert werden – und sie alle sind gleichsam betriebsinterne Anteilseigner. Warum sollte ein Geschäftsmodell, das für einen saudiarabischen Ölmagnaten attraktiv ist, auch für sie interessant sein?

Hier kommt wieder die Kultur ins Bild, und zwar in das Bild jenes idealisierten Ich, welches in der Welt des Leveraged Buyout zu prosperieren vermag. Dieses Ich klebt nicht an anderen. Reformer des Sozialstaats befürchten, er fördere die Abhängigkeit von Institutionen – also genau das, was Bismarck einst erhoffte. Statt eines Lebens innerhalb der Institution wünschen Reformer mehr persönliche Initiative und Unternehmergeist: Ausbildungsgutscheine, private Vorsorge für Krankheit und Alter, Gestaltung der eigenen Zukunftssicherung im Stil einer Unternehmensberatung.

Es wäre irreführend, wenn man die Angst vor Abhängigkeit mit Individualismus schlechthin gleichsetzte. Wer in der neuen Geschäftswelt Erfolg haben will, braucht ein dichtes soziales Netzwerk. Einer der Gründe für die Entstehung der modernen Weltstädte liegt gerade in der Tatsache, dass sie einen Ort für die Knüpfung solcher unmittelbaren Beziehungen bieten. Menschen, die nur über den Computer mit einer Organisation verbunden sind, die zu Hause arbeiten oder als Verkäufer allein im Außendienst unterwegs sind, geraten leicht ins Abseits, weil ihnen die Kontakte fehlen, die man zuweilen unter dem Begriff der »Wasserspender-Connection« zusammenfasst.

Angst vor Abhängigkeit meint eher die Sorge um den Verlust der Selbstbestimmung und in einem stärker psychologischen Sinne die Scham, sich anderen zu beugen. Es gehört zu den großen Ironien des Modells der New Economy, dass sie diese sozialen und emotionalen Traumata mit der Zerschlagung des »stahlharten Gehäuses« letztlich nur in eine neue institutionelle Form gebracht hat.

Die Architektur der Institutionen

Die neuen Entwicklungen im Bereich der Institutionen sind keine *Tabula rasa*. Was sie bedeuten, können wir uns vergegenwärtigen, indem wir die neue Architektur der Institutionen mit einer hochmodernen Maschine vergleichen statt mit einem überkommenen Bautyp wie der Pyramide.

Diese neue Struktur funktioniert wie ein MP3-Player. Der MP3-Player lässt sich so programmieren, dass er nur einige wenige Titel aus dem gespeicherten Repertoire abspielt. In ähnlicher Weise kann die flexible Organisation jederzeit unter zahlreichen möglichen Funktionen nur einige wenige auswählen, die sie dann ausführt. In Unternehmen alten Stils erfolgt die Produktion dagegen in einer Reihe festgelegter Schritte. Die

Kettenglieder liegen fest. Einen MP3-Player kann man so programmieren, dass er die ausgewählten Titel in jeder beliebigen Reihenfolge abspielt. Auch in einer flexiblen Organisation lässt sich die Reihenfolge der Produktionsschritte beliebig variieren. In einem High-Tech-Unternehmen zur Software-Entwicklung könnte die Institution sich zum Beispiel zunächst auf ein viel versprechendes innovatives Verfahren zur Bildverarbeitung konzentrieren; anschließend schreibt man einen Routinecode, der dieses Verfahren vereinfacht; und schließlich denkt man über die Möglichkeiten einer kommerziellen Verwertung nach. In diesem Beispiel ist die Arbeit nicht auf bestimmte Funktionen festgelegt, sondern an Aufgaben orientiert. An die Stelle einer linearen Entwicklung tritt ein Denken, das bereit ist zu springen.

Diese neue Arbeitsweise ermöglicht ein Vorgehen, das im Managementjargon als »Abflachung« der Institutionen bezeichnet wird. Durch Auslagerung mancher Funktionen, die nun an anderem Ort oder von anderen Firmen ausgeführt werden, kann die Unternehmensleitung einige Schichten innerhalb der Organisation abbauen. Die Organisation vergrößert und verkleinert sich ganz nach Bedarf. Während die Firma von einer Aufgabe zur nächsten übergeht, baut sie Personal auf oder ab.

Diese Variabilität der Belegschaftsgröße betrifft nicht nur den Einsatz von Zeitarbeitskräften oder Subunternehmern, sondern auch die interne Struktur des Unternehmens. So können Beschäftigte Arbeitsverträge erhalten, die auf drei oder sechs Monate befristet sind und über die Jahre immer wieder verlängert werden. In Amerika erspart sich das Unternehmen auf diese Weise Sonderleistungen wie Kranken- und Rentenversicherung. Arbeitnehmer mit befristeten Arbeitsverträgen lassen sich außerdem leichter innerhalb des Unternehmens versetzen, indem man die Arbeitsverträge an die veränderte Interessenlage des Betriebes und die anfallenden Aufgaben anpasst. Das Unternehmen kann rasch expandieren oder schrumpfen, indem es Personal auf- oder abbaut.

Die Anzahl der Zeitarbeitskräfte lässt sich leichter erfassen als die Anzahl der Beschäftigten mit befristeten Arbeitsverträgen, doch die Zahlen sind auch so erstaunlich. Die Zeitarbeit ist in den Vereinigten Staaten und Großbritannien der am schnellsten wachsende Teil des Arbeitsmarktes. Insgesamt acht Prozent aller Arbeitsverhältnisse entfallen heute auf die Zeitarbeit. Zählen wir noch die Beschäftigten mit befristeten Arbeitsverträgen hinzu, die sich hauptsächlich im Einzelhandel, in der Gastronomie und anderen Dienstleistungsbereichen finden, dürfte der Anteil auf etwa ein Fünftel der amerikanischen Beschäftigungsverhältnisse steigen.

Diese drei Bausteine für Institutionen – die Flexibilisierung der Belegschaft, die Abflachung und die Ermöglichung nichtlinearer Abläufe – verkürzen den Zeitrahmen der Institution. Unmittelbare und kurze Aufgaben treten in den Vordergrund. Die Entwicklung des Internets war in dieser Hinsicht ein wahres Wunderwerk. Ein riesiges, kompliziertes Kommunikationssystem entwickelte sich in kurzer Zeit und in zahlreichen Stücken. Für manche Investoren war das Internet gerade wegen der in ständiger Veränderung begriffenen und zuweilen sogar chaotischen Zustände in den betreffenden Firmen attraktiv: je turbulenter, desto verlockender. Nur wenige Investoren wussten, was sie da kauften – außer dass es neu war.

Die kurzfristige, aufgabenorientierte Arbeit verändert auch in sozialer Hinsicht die Zusammenarbeit zwischen den Beschäftigten. In der Befehlskette pyramidenförmig aufgebauter Institutionen tut man seine Pflicht und erfüllt seine Funktion. Am Ende wird man als Amtsinhaber wegen seiner Leistung oder seines Dienstalters belohnt. Möglicherweise wird man auch übergangen oder degradiert. In jedem Fall jedoch ist die Infrastruktur der Firma völlig klar. Bei veränderlicher, kurzfristiger und aufgabenorientierter Arbeit ist sie das nicht. Die Struktur des Unternehmens ist kein fester Gegenstand, der sich analysieren ließe, und die Zukunft ist nicht vorhersagbar. Bei der Befragung von Zeitarbeitern habe ich festgestellt, dass Menschen, die dort Erfolg haben, große Toleranz für wenig eindeutige Situationen besitzen. Ein Verwaltungsassistent sagte mir: »Wenn man eine neue Stelle antritt, muss man den Leuten etwas vormachen. Der Chef erwartet, dass man weiß, was getan werden muss und was er will. Aber natürlich wissen Sie das nicht. Das ist eine Herausforderung.« Es ist kein Zufall, dass flexible Organisationen besonderen Wert auf Fähigkeiten im Bereich »zwischenmenschlicher Beziehungen« legen und eigens Trainingsprogramme dafür anbieten. Sieht man von der psychologischen Schaumschlägerei ab, gibt es dafür auch ein echtes Bedürfnis. Denn in solchen Institutionen müssen die Menschen proaktiv mit schlecht definierten Situationen umgehen können.

Daraus könnte man den Schluss ziehen, dass offene zwischenmenschliche Beziehungen in flexiblen Organisationen eine größere Rolle spielen. Und genau das halten die Propheten der Neuen Zeit für eine erwiesene Tatsache. In fließenden Strukturen tritt Sensibilität an die Stelle der Pflicht. Ein dritter Vergleich zwischen dem MP3-Player und der flexiblen Organisation macht deutlich, warum solche Sensibilität für andere Angst erzeugen kann und allzu oft auch zu institutioneller Paranoia führt.

In einem MP3-Player ist der Laser im Hauptprozessor der Chef. Zwar besteht freier Zugang zu allen Daten, doch diese Flexibilität ist nur deshalb möglich, weil der Hauptprozessor das Ganze kontrolliert. Ganz ähnlich konzentriert sich in einer flexiblen Organisation die Macht im Zentrum. Der »Hauptprozessor« der Institution bestimmt die Aufgaben, beurteilt die Ergebnisse, vergrößert oder verkleinert die Belegschaft. Neue Analysetechnologien bieten den Firmen die Möglichkeit zu einer, wie Foucault es genannt hat, »panoptischen Überwachung«. Mit diesen Technologien lassen sich Darstellungen der Ressourcen und der Leistungen in Echtzeit auf den Bildschirm holen. Die computerisierte Überwachung unterscheidet sich jedoch von der in früheren Zeiten praktizierten Kontrolle, wie sie Frederick Taylor und andere Experten der Effizienz einst entworfen haben.

Wenn Arbeitsgruppen rasch und flexibel Ergebnisse erzielen sollen, muss man ihnen eine gewisse Autonomie zugestehen. Tatsächlich versuchen Firmen heute, Autonomie durch die Einrichtung interner Märkte zu fördern. Das Zentrum bestimmt die Rahmenbedingungen für den Wettbewerb zwischen den Arbeitsgruppen, wenn es darum geht, ein Computerprogramm zu schreiben, Geld zu beschaffen oder ein Produkt zu entwerfen. Dann setzt man fünf oder sechs Arbeitsgruppen auf das Problem an, die dann miteinander konkurrieren. In Taylors ganz auf die Pyramide ausgerichteter Sicht wäre dieses Verfahren hochgradig ineffizient, da die Arbeit mehrfach getan wird. Im neuen flexiblen Denken kommt es dagegen darauf an, in möglichst kurzer Zeit die bestmöglichen Lösungen zu finden. Das ist der eigentliche Maßstab für Effizienz. Interner Wettbewerb dieser Art führt zu einer Art von Belohnung, die der Ökonom Robert Frank durch den Ausdruck *»the winner takes all«* charakterisiert hat. Der Große Preis geht allein an die siegreiche Arbeitsgruppe, und Trostpreise werden kaum oder gar nicht vergeben.[13]

Dieses System erzeugt bei den Beschäftigten ein hohes Maß an Stress und Ängsten, wie ich und viele andere Forscher herausgefunden haben. Natürlich bedeutet Konkurrenz immer Stress. Und in *Winner-takes-all*-Märkten geht es um höhere Einsätze. Interne Märkte erhöhen die Ängste noch einmal, da die Grenze zwischen Konkurrenten und Kollegen dort verschwimmt. Die von mir befragten Zeitarbeiter kommen besser mit Stress zurecht, weil sie nicht zur Firma gehören und daher wirklich autonom sind. Im Gegensatz zu dem oben zitierten

---

13 Robert H. Frank, *The Winner-takes-all-Society,* New York 1995.

Verwaltungsassistenten klagte eine Angestellte einer High-Tech-Firma an der Westküste, die Mitglieder einer bei einem internen Wettbewerb siegreichen Arbeitsgruppe hätten aus der Tatsache »Nutzen geschlagen«, dass sie als Mütter von Kleinkindern früh nach Hause mussten. Die anderen hätten gewusst, dass sie wegen ihrer geringeren familiären Pflichten gewinnen würden. Das seien falsche Kolleginnen.

Eine Möglichkeit, diese Situation mit den pyramidenförmig aufgebauten Unternehmen zu vergleichen, die ich vor dreißig Jahren untersucht habe, liegt in der Unterscheidung zwischen diffuser und konkreter Angst. Diffuse Angst gilt Dingen, die möglicherweise geschehen könnten; konkrete Angst Dingen, von denen man weiß, dass sie geschehen werden. Diffuse Angst entsteht in Situationen, die kaum definiert sind; konkrete Angst bei Schmerzen oder unglücklichen Ereignissen, die genau definiert sind. Wenn zum Beispiel ein Unternehmen umstrukturiert wird, wissen die Beschäftigten oft nicht, was mit ihnen geschehen wird, denn die modernen Formen des Umbaus von Unternehmen orientieren sich nicht an den internen Arbeitsprozessen, sondern an externen Größen wie der Attraktivität auf den Finanzmärkten oder den Auswirkungen auf den Börsenkurs. Allzu oft haben die »Ingenieure« solcher Veränderungen keine Vorstellung davon, was geschehen soll, wenn ein Unternehmenszusammenschluss oder ein Verkauf vollzogen ist. Diese Unbestimmtheit sorgt auf allen Ebenen für diffuse Ängste, zu deren Beseitigung die beteiligten Banken oder Investoren keinerlei Anstrengung unternehmen.

Fast sicher ist in solchen Fällen nur, dass die Ungleichheit innerhalb der Firma zunehmen wird. Doch dabei handelt es sich um eine spezielle Form von »Ungleichheit«.

Die Ungleichheit ist zur Achillesferse der modernen Ökonomie geworden. Sie erscheint in vielen Formen: als gewaltige Erhöhung der Bezüge für Topmanager; als Verbreiterung der

Einkommensunterschiede zwischen den Beschäftigten auf höheren und denen auf niedrigen betrieblichen Ebenen; als Stagnation der Einkommen der mittleren Schichten im Verhältnis zur Elite. Der nach dem Muster *»the winner takes all«* gestaltete Wettbewerb erzeugt eine extreme materielle Ungleichheit. Der wachsenden materiellen Ungleichheit entspricht in einer bestimmten Art von Unternehmen auch eine wachsende soziale Ungleichheit.

Bei der Umstrukturierung von Bürokratien kann der Wegfall bürokratischer Zwischenschichten auch die Kommunikationskette beeinträchtigen, in der Macht beim Durchgang nach unten interpretiert und Information bei der Weitergabe nach oben verändert wird. Nach der Umstrukturierung kann das nun flexible Unternehmen dieses zerstückelte Territorium besser kontrollieren. Das Zentrum beherrscht die Peripherie auf eine ganz bestimmte Weise. Die Menschen an der Peripherie werden in ihren Arbeitsprozessen allein gelassen; auf der Befehlskette findet in beiden Richtungen kaum noch Kommunikation statt. Zwischen dem Schuhnäher in Thailand und dem Mailänder Modeschöpfer besteht keine soziale Beziehung. Ihr Verhältnis gleicht eher einer Transaktion, wie George Soros gesagt hat. Die Menschen an der Peripherie sind dem Zentrum nur noch für die Ergebnisse verantwortlich. Dieses distanzierte Verhältnis entspricht letztlich der Geographie der Globalisierung. Das andere Extrem im Bereich der bürokratischen Pyramide bildet der paternalistische Unternehmer. Was Reichtum und Macht angeht, war die Distanz zwischen einem paternalistischen Unternehmer wie Henry Ford und einem Fließbandarbeiter natürlich ebenso groß wie dessen Ungleichheit mit einem global agierenden Finanzmogul unserer Zeit. In soziologischer Hinsicht stand Ford seinen Arbeitern jedoch näher, ähnlich einem General, der auf dem Schlachtfeld in einer Verbindung zu seinen Soldaten steht. Die soziologische Theorie besagt, dass Ungleichheit sich in Distanz umsetzt. Je größer die

Distanz und je geringer die Verbindung zwischen beiden Seiten, desto größer ist die soziale Ungleichheit.

Wie soziale Distanz in der Praxis funktioniert, lässt sich gut an der Beratertätigkeit studieren. Berater sind ein wesentlicher Bestandteil moderner bürokratischer Macht. Sie schmieren die Maschinerie. Eigentlich sollen Berater objektiven Rat bieten und strategische Vorschläge machen. In der Praxis übernehmen sie die unangenehme Aufgabe, die Tätigkeiten an der Peripherie der Organisation umzustrukturieren – erzwungener Vorruhestand, Auflösung von Abteilungen, neue Pflichten für die überlebenden Beschäftigten.

Georgina Born von der Cambridge University hat die wohl beste moderne Ethnographie der Beratertätigkeit geschrieben.[14] Sie untersuchte in den 1990er Jahren die British Broadcasting Corporation (BBC), als der reformfreudige Generaldirektor John Birt für ein Jahr die Unternehmensberatung McKinsey ins Haus holte, den auf zehn Jahre angelegten Entwicklungsplan des Unternehmens überarbeiten zu lassen. Die Berater, meist junge Männer, die gerade erst von der Universität gekommen waren, lernten das Unternehmen erst im Prozess seiner Umstrukturierung kennen. Das strategische Ziel war der formale Umbau der für die Arbeit der BBC wesentlichen Prozesse: Wer berichtete wem, was sie berichteten und was sie berichten sollten? Die McKinsey-Berater kümmerten sich jedoch wenig um die Implementierung dieser Veränderungen, und sie befassten sich auch nicht mit deren sozialen Folgen. Dazu gehörte etwa die Tatsache, dass zahlreiche Menschen aus Bereichen, in denen sie Fachwissen erworben hatten, in Bereiche versetzt wurden, in denen sie gleichsam blind agierten. In diesem »kreativen Gewerbe« fehlte es den Beratern selbst ganz offensichtlich am nötigen Verständnis für kreative Arbeit, so dass sie deren Wert gern als bedeutungslos abtaten. Die Berater

14 Georgina Born, *Uncertain Choice*, London 2004, vgl. S. 212–253.

wurden bezahlt, zogen ab und hinterließen eine Organisation, die sich in Aufruhr befand. Sie hatten die soziale Distanz innerhalb der BBC vergrößert. Die Auflösung zwischenmenschlicher Verbindungen inmitten des Wandels verstärkte noch die Ängste der Beschäftigten.

Was kann eine Unternehmensleitung durch den Einsatz von Beratern gewinnen? Die Anwesenheit von Beratern ist zunächst einmal ein Signal: Hier wird Macht ausgeübt. Die Unternehmensleitung demonstriert Entschlossenheit. Nach außen kann solch ein Signal sehr wichtig sein. Das Aufmischen der Institution dient als Zeichen für die Investoren, dass im Unternehmen etwas geschieht – so unbestimmt der Wandel auch sein mag –, und das wiederum treibt oft den Aktienkurs in die Höhe. Doch die Zunahme der sozialen Distanz innerhalb des Unternehmens hat noch einen weiteren Nutzen.

Durch den Einsatz von Beratern kann die Unternehmensführung im Zentrum der MP3-Maschine die Verantwortung für schmerzhafte Entscheidungen abschieben. Der Hauptprozessor steuert das Geschehen, übernimmt jedoch nicht die Verantwortung dafür. In der Praxis treten Berater nur selten selbst in das von ihnen umstrukturierte Unternehmen ein. Auch vermeiden sie es, Verantwortung zu übernehmen. Diese Trennung zwischen Führung und Verantwortung bietet auch eine Erklärung für die anhaltende Bedeutung des Beraterwesens in der Politik. Nach dem Zusammenbruch des sowjetischen Imperiums 1989 unterzog man manche Länder einer ähnlichen Behandlung wie die BBC. In Polen und Russland fielen Beraterteams in die staatlichen Ministerien ein, um sie aufzulösen oder in Privatunternehmen umzuwandeln. Der Harvard-Experte Jeffrey Sachs machte Polen zu einem Experimentierfeld für freie Marktwirtschaft, aber er blieb nicht dort. Nach der Umstrukturierung der Wirtschaft – von der das Land sich bis heute nicht erholt hat – kehrte er in die Vereinigten Staaten zurück und wandte sich dort Umweltproblemen zu.

Durch die Herstellung sozialer Distanz, die zur Trennung zwischen Führung und Verantwortung führte, enthüllt die Beratertätigkeit eine fundamentale Verschiebung der bürokratischen Basis und eine Neuformatierung der Ungleichheit. Macht kann an der Spitze konzentriert werden, aber dadurch vergrößert sich nicht die Autorität.

Autorität und Kontrolle

»Autorität« bezeichnet einen Komplex von Prozessen sozialer Abhängigkeit.[15] Wer Autorität besitzt, unterscheidet sich von einem Tyrannen, der rohe Gewalt einsetzt, um Gehorsam zu erzwingen. Wie Max Weber schon vor langer Zeit bemerkte, stößt jemand, der Autorität besitzt, dagegen auf freiwillige Folgebereitschaft. Die Untergebenen glauben an ihn. Sie mögen ihn für grob, grausam oder ungerecht halten, aber dennoch gibt es da noch etwas anderes. Die Untergebenen verlassen sich auf die ihnen Übergeordneten. Bei charismatischen Formen der Autorität glauben die Untergebenen, die Autoritätsgestalt werde vervollkommnen und zur Befähigung führen, was unvollkommen und unfähig an ihnen ist. Bei bürokratischen Formen der Autorität glauben sie, die Institution werde die Verantwortung für sie übernehmen.

Armeen sind ein deutliches Beispiel für charismatische wie auch für bürokratische Autorität. Soldaten sterben bereitwillig für Offiziere mit starkem Willen und großem Mut, aber sie sterben auch für mittelmäßige Offiziere. Das Amt verleiht auch inkompetenten Vorgesetzten Autorität. Das weiß jeder, der einmal Joseph Hellers klassischen Kriegsroman *Catch 22* gelesen hat. Die zynische Einstellung einfacher Soldaten gegenüber

15 Richard Sennett, *Authority*, New York 1980; dt.: *Autorität*, Frankfurt/M. 1985.

unfähigen Vorgesetzten existiert parallel zur freiwilligen Folgebereitschaft. Auch in zivilen Hierarchien zeigt Autorität solch ein Doppelgesicht. In einer klassischen Studie über die bürokratische Arbeitspyramide fand Reinhard Bendix Arbeitnehmer, die bei ihren Chefs Rat, Anleitung und Bestätigung suchten, aber außerhalb der Arbeitszeit boshafte Bemerkungen über die Persönlichkeit ihrer Arbeitgeber machten.

Die MP3-Institution mag den charismatischen Führer feiern, aber sie ist der institutionellen Autorität nicht förderlich. Das geht zum Teil auf das Verhalten von Managern zurück, die sich wie Berater aufführen. Dies kann aber auch eine Folge häufigen Führungswechsels sein, da es in den Machtpositionen niemanden gibt, der Engagement für die Organisation bewiesen hat, der sich mit deren Problemen auskennt und die Arbeit der Untergebenen einzuschätzen weiß. Zum Teil sind diese fehlenden Verbindungen zwischen Zentrum und Peripherie schuld daran, wenn an der Peripherie niemand mehr recht glauben mag, dass ein bestimmter Mensch oder eine bestimmte Gruppe von Menschen im Zentrum wirklich die Verantwortung trägt. Die Beschäftigten eines Finanzdienstleistungsunternehmens sagten mir in diesem Zusammenhang, besonders schlimm sei die »Führung per E-Mail«. Allzu oft hätten Kollegen per E-Mail erfahren, dass sie versetzt oder sogar entlassen worden seien. »Sie waren zu feige, es mir ins Gesicht zu sagen«, meinte einer von ihnen. Doch das Abschieben von Verantwortung hat noch eine weitere Dimension.

Als ich die Personalakten einer High-Tech-Firma mit Drehtürmanagement durchging, war ich erstaunt, wie oft die Ausdrücke *needy* (bedürftig) und *dependant* (abhängig) dort mit negativem Vorzeichen benutzt wurden. Eine Personalleiterin sagte mir, sie suche bei den Beschäftigten nach so etwas wie Selbstdisziplin ohne Abhängigkeit. Für die Institution ist das durchaus sinnvoll. Die Tätigkeiten sind fragmentiert, bei Großunternehmen geographisch an der Peripherie, bei mittelgroßen Unternehmen im Inneren, wenn viele, nicht miteinander zusammenhängende Tätigkeiten gleichzeitig ausgeführt werden. Unter diesen Umständen sind die Menschen tatsächlich allein gelassen und müssen selbst entscheiden, wie sie am besten mit den Zielvorgaben, Anordnungen und Bewertungsmaßstäben des Zentrums umgehen. Das Lob der Eigenständigkeit ist jedoch durchaus ambivalent, denn das Unternehmen braucht nun nicht mehr kritisch über die eigene Verantwortung gegenüber den Beschäftigten nachzudenken.

Bei manchen Menschen funktioniert diese Kombination aus verstärkter zentraler Kontrolle und verringerter Autorität bestens. Organisationen, die beim Fortschritt in vorderster Front marschieren, wünschen sich unternehmerisch denkende junge Leute. Beschäftigten jeden Alters, denen nur wenig daran liegt, Autorität auszuüben, bieten sie eine gute Umgebung. Wir haben herausgefunden, dass sich in solchen Institutionen Menschen mit High-Tech-Qualifikationen am wohlsten fühlen. Fühlen sie sich nicht mehr wohl, können sie diese Qualifikationen rasch auf andere Gebiete übertragen. Computerspezialisten, Händler bei Brokerunternehmen oder Editors und Creative-Directors in Werbeagenturen passen zum Beispiel in dieses Muster.

Doch solche Avantgarde-Unternehmen sind ebenso Sonderfälle wie die dort Beschäftigten. Wie mein Kollege Michael Laskawy herausgefunden hat, ist das Wohlfühlen in Unternehmen mit geringem Autoritätsniveau eine recht kurzlebige Angelegenheit. Wenn die jungen, unternehmerisch denkenden Leute sich dem mittleren Alter nähern, wenn Kinder, Hypotheken und Schulgeld ihren Tribut fordern, wächst das Bedürfnis nach Struktur und Vorhersagbarkeit im Bereich der Arbeit. Entsprechend wünschen sich die Beschäftigten dann auch jemanden, der auf die Verantwortung eingeht, die sie als Erwachsene übernommen haben.

Besonders problematisch wird die Trennung von Macht und Autorität, wenn Avantgarde-Unternehmen zum Vorbild für öffentliche Institutionen werden. In Großbritannien und Deutschland haben Reformer des Sozialstaats das Modell der hochgradig zentralisierten, aber mit verringerter Autorität ausgestatteten Organisation aufgegriffen. Doch im öffentlichen Bereich wird Macht, die nur mit geringer Autorität ausgestattet ist, zu einer Gefahr für die Inhaber der Macht. Sie können sich zu ihrer Legitimation nur auf das eigene Charisma stützen. Reformer, denen es an Charisma fehlt, gelten daher als willkürlich und Institutionen, die Verantwortung in der beschriebenen Weise abschieben, als verantwortungslos.

Ich werde später noch versuchen, die Legitimationskrise genauer zu beschreiben, in die das neue kapitalistische Unternehmensmodell gerät, wenn man es auf den öffentlichen Bereich überträgt. An dieser Stelle geht es mir jedoch um das soziale Leben innerhalb der an der New Economy orientierten Institution. Die mit der Auflösung des »stahlharten Gehäuses« verbundenen strukturellen Veränderungen führen zu drei sozialen Defiziten.

Drei soziale Defizite

Im Einzelnen handelt es sich hier um geringe Loyalität gegenüber der Institution, eine Schwächung des informellen Vertrauens bei den Beschäftigten und eine Verringerung des für die Institution spezifischen Wissens. Jedes dieser Defizite ist im Leben der gewöhnlichen Beschäftigten deutlich spürbar. Ihr Zusammenhang lässt sich über ein recht abstraktes intellektuelles Instrument erfassen.

Dieses Instrument ist der in der Soziologie verwendete Begriff des »Sozialkapitals«, und wie bei Soziologen üblich, sind wir uns über die Bedeutung dieses Begriffs nicht einig. Eine Schule, die von Robert Putnam repräsentiert wird, definiert Sozialkapital als freiwilliges Engagement der Menschen für soziale und private Organisationen.[16] Eine andere Schule, die von Alejandro Portes und Harrison White entwickelt worden ist, legt das Schwergewicht auf Netzwerke – in der Familie, Ausbildung und Arbeit. Während Putnam die Bereitschaft zum Engagement betont, bemessen diese Soziologen das Sozialkapital nach der Breite und Tiefe des Engagements für Netzwerke, wobei es zweitrangig ist, ob man sich freiwillig oder aus Notwendigkeit engagiert.[17] Mein eigenes Verständnis des Sozialkapitals steht Portes und White näher als Putnam und stellt die Frage in den Vordergrund, wie die Menschen ihr eigenes Engagement beurteilen. In meinen Augen ist das Sozialkapital gering, wenn die Menschen sagen, ihr Engagement sei von geringer Qualität, und es ist groß, wenn sie ihre Verbindungen als gut einschätzen.

Der erste Test für ein so verstandenes Sozialkapital ist die Loyalität. Militärische Organisationen besitzen ein großes Sozialkapital, das Menschen dazu bringt, ihr Leben aus Loyalität der Institution oder ihren Kameraden gegenüber zu opfern. Die Avantgarde-Institutionen innerhalb der Zivilgesellschaft bilden das entgegengesetzte Extrem. Sie können auf äußerst wenig Loyalität zählen. Wenn der Arbeitgeber Ihnen sagt, Sie seien auf sich allein gestellt und die Institution werde Ihnen nicht helfen, falls Sie in Not geraten, weshalb sollten Sie dann Loyalität empfinden? Loyalität ist eine Partizipationsbeziehung. Mit keinem noch so schönen oder logischen Geschäftsplan wird ein Unternehmen die Loyalität der Menschen gewinnen, denen dieser Plan aufgezwungen wird, und zwar einfach deshalb, weil die Beschäftigten an seiner Aufstellung nicht beteiligt waren.

---

16 Robert D. Putnam, *Bowling Alone: The Collapse and Revival of American Community*, New York 2000.

17 Harrison C. White, *Markets from Networks: Socio-Economic Models of Production*, Princeton 2002.

Beim jüngsten Konjunkturabschwung konnten die Unternehmen lernen, welche praktischen Folgen geringe Loyalität hat. Im Boom hatten sie gelernt, das Internet zu nutzen, um die Lieferanten und Subunternehmer zu finden, die das beste Geschäft versprachen. Solange die Geschäfte gut gingen, konnte man sie tatsächlich im Stil kurzfristiger Transaktionen statt auf der Grundlage langfristiger Beziehungen durchführen. Während des Booms hatten Wirtschaftsgurus mit einem gewissen Stolz verkündet, die Loyalität sei tot, und jeder ehrgeizige Beschäftigte solle sich wie ein Unternehmer verhalten.[18] Als die Geschäfte dann schlechter gingen, brauchten die Unternehmer dringend Zulieferer und Subunternehmer, die ihnen größere Kredite und längere Zahlungsziele einräumten, damit die Bilanz nicht ins Minus geriet. Aber weshalb sollte jemand ihnen diese Probleme abnehmen? Ein Netzwerk wechselseitiger Loyalität war hier nicht entstanden. Und Ähnliches galt für die Beschäftigten.

Als der Konjunkturzyklus in den Abwärtsbereich geriet, brauchten die Unternehmen Beschäftigte, die bereit waren, Opfer für das Unternehmen zu bringen, indem sie Lohnkürzungen oder den Wegfall von Sonderleistungen hinnahmen. Die amerikanischen und britischen Fluggesellschaften waren hier das herausragende Beispiel, gefolgt von Unternehmen im Medienbereich und im Technologiesektor. Doch die Beschäftigten sträubten sich. British Airways etwa hätte fast Konkurs anmelden müssen, weil es im Wartungsbereich immer wieder zu wilden Streiks kam. Den Beschäftigten dort war es egal, ob das Unternehmen zugrunde ging. Und auch wenn andere Beschäftigte einiges unternahmen, um ihre Arbeitsplätze zu retten, taten sie doch recht wenig, um das Überleben des Unternehmens zu sichern.

Loyalität ist ein für das Überleben im Auf und Ab der Konjunkturzyklen notwendiges Element. Geringes Sozialkapital hat

18 Richard Sennett, *The Corrosion of Character*, a.a.O.

für Unternehmen die größten praktischen Folgen, wenn es um die Abwehr räuberischer Angriffe geht. Bei den Beschäftigten verstärkt ein Loyalitätsdefizit den Stress, vor allem, wie wir herausgefunden haben, den durch lange Arbeitszeiten erzeugten Stress. Die Verlängerung und Intensivierung des Arbeitstages kann dann als sinnlos empfunden werden. Der Druck stimuliert nicht mehr, sondern deprimiert. »Lange Arbeitszeiten bringen mir nichts«, erklärte mir ein Werbezeichner. »Und diese Firma ist mir scheißegal. Was soll's?« Eine kürzlich durchgeführte Großstudie mit britischen Angestellten, die länger als zehn Stunden am Tag arbeiten, lässt dieses Gefühl deutlicher hervortreten: In Firmen mit geringem Sozialkapital wird »Druck« zu einer eigenständigen, abstumpfenden Erfahrung. Beschäftigte, die unter solchen Bedingungen Druck erleben, haben ein deutlich höheres Risiko, dem Alkohol zu verfallen, in ihrer Ehe zu scheitern oder krank zu werden, als Menschen, die mehr als zehn Stunden am Tag in einem Unternehmen mit hoher Loyalität arbeiten.

Ein zweites soziales Defizit ist weniger offensichtlich. Es betrifft das Vertrauen. Wir kennen zwei Formen von Vertrauen: formelles und informelles. Formelles Vertrauen heißt, dass zwei Parteien, die miteinander in Kontakt treten, glauben, die jeweils andere Partei werde sich an die bei solchen Kontakten üblichen Regeln halten. Informelles Vertrauen hängt davon ab, ob man den anderen kennt und weiß, dass man sich auf ihn verlassen kann, vor allem wenn die Gruppe unter Druck gerät. Wer bricht unter der Last zusammen und wer wächst über sich hinaus? Informelles Vertrauen braucht Zeit zu seiner Entwicklung. In einer Arbeitsgruppe oder einem Netzwerk zeigen sich erst nach und nach die Hinweise auf das Verhalten und den Charakter der Beteiligten. Die Maske, die wir vor den anderen tragen, verbirgt in der Regel auch, welche Zuverlässigkeit wir in Krisensituationen an den Tag legen. In kurzfristig orientierten Bürokratien fehlt oft die Zeit, um andere Menschen ausreichend kennen zu lernen. In einer Arbeitsgruppe, die nur ein halbes Jahr lang besteht, erfahren wir sehr viel weniger über das mögliche Verhalten unter Stress als in einem Netzwerk, das viele Jahre besteht.

Die Stärken und Schwächen informellen Vertrauens konnte ich bei zwei Industrieunfällen beobachten, deren Zeuge ich im Abstand von dreißig Jahren wurde. Bei dem ersten brach in einer Fabrik alten Stils ein Brand aus, und es zeigte sich, dass die Sprinkleranlage nicht funktionierte. Die Arbeiter kannten einander gut genug und wussten, wer was tun konnte. Die Vorgesetzten riefen ihre Befehle, aber in dieser Notsituation hörte niemand auf sie. Dank eines starken informellen Netzwerks brachte man den Brand rasch unter Kontrolle. Dreißig Jahre später hielt ich mich gerade in einer Fabrik in Silicon Valley auf, als die Klimaanlage plötzlich schädliche Abgase nicht mehr hinausbeförderte, sondern in das Gebäude blies – eine für diese High-Tech-Fabrik unvorhergesehene Katastrophe. Die Arbeitsgruppen hielten nicht zusammen. Viele drängten zu den Ausgängen und schufen damit eine gefährliche Situation. Andere waren mutiger, wussten aber nicht recht, was sie tun sollten. Im Nachhinein erkannten die Manager – von denen viele recht gut reagiert hatten –, dass die Organisation dieser Fabrik mit 3200 Beschäftigten in manchen Aspekten »nur auf dem Papier bestand«, wie einer von ihnen bemerkte.

Auch normalere Formen von Arbeitsdruck können zu Defiziten im Bereich des informellen Vertrauens führen. Unternehmen, die sehr schnell auf veränderte Konsumentenwünsche eingehen müssen, schwächen oft das informelle Vertrauen. Der Umbau einer Institution in der Privatwirtschaft wie auch in der Staatsverwaltung kann gleichfalls zu einem radikalen Rückgang des informellen Vertrauens führen, weil die Veränderung der zwischenmenschlichen Beziehungen abrupt von oben und von außen erfolgt.

Ein geringes Maß an informellem Vertrauen ist eher ein organisatorisches Defizit als eine bloße Frage des persönlichen

Charakters. Den Dreh- und Angelpunkt bildet die Zeitorganisation. Hier hat eine schädliche Praxis aus der alten Arbeitswelt Eingang in die neue gefunden. Als Taylor und andere angeblich wissenschaftliche Arbeitsanalytiker ihre Zeit- und Bewegungsstudien durchführten, konzentrierten sie sich auf die Verkürzung der Zeiten, also auf die Frage, wie viel Arbeit in möglichst kurzer Zeit geleistet werden konnte. Nur selten untersuchten sie Monate oder gar Jahre im Leben einer Organisation, und das wahrscheinlich deshalb, weil sie vom Fortbestand der Firma ausgingen. Heute kann man davon jedoch nicht mehr ausgehen, und trotzdem steht das Mikromanagement der Zeit weiterhin im Mittelpunkt. Dass man in solchen flüchtigen Unternehmen die übrigen Mitarbeiter nicht kennt, kann die Angst der Beschäftigten nur verstärken. Obwohl diese flüchtigen Unternehmen großen Wert auf die oberflächlichen Unternehmensaspekte legen, sind sie unpersönlicher und undurchsichtiger als Institutionen, in denen die Menschen gemeinsam mit anderen, die sie gut kennen lernen, langfristig Karriere machen. Die Folge ist ein Netzwerk, das leicht wieder zerfällt.

Das dritte soziale Defizit betrifft die Schwächung des institutionellen Wissens. Zu den Nachteilen der alten bürokratischen Pyramide gehörte deren Starrheit. Die einzelnen Abteilungen lagen fest, und die Menschen wussten genau, was man von ihnen erwartete. Der große Vorzug der Pyramide bestand in der Ansammlung von Wissen, das man einsetzen konnte, um das Funktionieren des Systems sicherzustellen. Man wusste, wann man eine Ausnahme von der Regel machen oder Arrangements treffen musste, die nicht auf dem üblichen Dienstweg zustande kamen. Das Wissen um die möglichen Manipulationen des Systems kann in großen zivilen Bürokratien ebenso zu einer Kunst werden wie in einer Armee. Die Menschen, die über das umfangreichste institutionelle Wissen verfügen, stehen in der Unternehmenshierarchie oft relativ weit unten. In einer Fabrik wissen Vorarbeiter oft mehr als ihre in Hemd und

Anzug daherkommenden Chefs. In Büros sind Sekretärinnen und persönliche Assistenten vielfach die Träger des institutionellen Wissens. Und in Krankenhäusern besitzen die Krankenschwestern bekanntermaßen größere Kompetenz in Fragen der Bürokratie als die Ärzte, denen sie zuarbeiten. Institutionelles Wissen dieser Art bildet eine Ergänzung zum informellen Vertrauen. Mit wachsender Erfahrung lernen die Mitglieder einer Bürokratie, wie man die bürokratischen Zahnräder am besten schmiert.

Doch bei der »Reform« bürokratischer Pyramiden werden diese unteren Funktionsträger oft als Erste entlassen. Das Management meint, sie ließen sich durch Computer ersetzen, doch Computerprogramme sind meist nur zur Anwendung, nicht aber zur Anpassung von Regeln fähig. In der Folge kann es zu »Abdrifterscheinungen« kommen, wie der Systemanalytiker Claudio Ciborra sie genannt hat. Zur Erläuterung beschreibt er den Einsatz des Organisationsprogramms »Lotus Notes« bei verschiedenen Unternehmen. Bei der Zeta Corporation, wo man das Programm nicht anstelle von Menschen einsetzte, waren die Ergebnisse positiv. Die Beschäftigten bekamen ein Instrument an die Hand, mit dem sie ihr Wissen besser miteinander teilen konnten. Bei Unilever, wo die untere Beschäftigtenebene durch das Programm ersetzt wurde, führte die Einführung zu übertriebener Formalisierung. Bei der ähnlich umstrukturierten Telecom kam es zu einem mangelhaften Austausch von Wissen und bei EDF zu einer »Rivalität zwischen den Funktionen«. In dem positiven Fall, so schreibt Ciborra, wuchs das institutionelle Wissen durch den Einsatz des Programms, in den negativen Fällen nahm es ab, weil dessen menschliche Träger entlassen worden waren.[19]

Neue Informationssysteme versprechen in einer Organisation immer eine größere Effizienz – und das gefällt vor allem

---

19 Claudio Ciborra, *The Labyrinth of Information*, Oxford 2002, S. 85–90.

Beratern, denen das mit der Zeit angesammelte institutionelle Wissen stets fehlt. Dennoch ist es ein naives Versprechen. Die Maschine als solche ist nicht der Feind. Programme wie »Lotus Notes« können das Wissen in einer Organisation tatsächlich vergrößern, wenn man dessen Kontrolle und Anpassung den normalen Nutzern überlässt. Beim Umbau von Organisationen besteht jedoch meist die Tendenz, die Möglichkeit einer Neukonfigurierung zu begrenzen und die Kontrolle des Programms den oberen Ebenen vorzubehalten.

Diese drei sozialen Defizite – der Loyalität, des informellen Vertrauens und der für Anpassungsprozesse erforderlichen Information – sind für viele Manager keineswegs neu. Der Rechtswissenschaftler Mark Roe meint, die Wurzel des Problems liege in der »Trennung von Besitz und Kontrolle«. Die eigentliche Ursache besteht danach in der Größe des Unternehmens und hat wenig mit der Frage zu tun, ob die Organisation der klassischen Pyramide oder der neuen MP3-Maschine entspricht. Dem Manager ist es nicht gestattet, wirklich langfristig Verantwortung für die Firma zu übernehmen. Die eigentliche Macht liegt bei ungeduldigen Investoren.[20] Ein auf Effizienz bedachter Manager möchte dagegen in seinem Unternehmen Loyalität, Vertrauen und institutionelles Wissen aufbauen, und all das braucht Zeit. Die meisten hingebungsvollen Manager, denen ich begegnet bin, kennen diesen Konflikt und bestätigen diese Auffassung. Ebenso oft fehlt jedoch bei dieser Einsicht in die Problematik des geringen Sozialkapitals ein Verständnis für die Frage, wer denn das Sozialkapital in einer Firma aufbaut. Sozialkapital wird nämlich von unten her aufgebaut. Wie jede Kultur, so hängt auch die Firmenkultur von den gewöhnlichen Menschen und ihrem Verständnis der Institution ab, nicht von

---

20 Vgl. Mark Roe, *The Inevitable Instability of American Corporate Governance*, Arbeitspapier, Harvard Law School 2004.

der Erklärung, die man von oben her verordnet. In der für den fortgeschrittenen Kapitalismus typischen Institution werden ständig neue Erlasse herausgegeben. Bei den gewöhnlichen Beschäftigten nimmt die Reichweite der Interpretation ab, und die Interpretation selbst – das Verständnis der wie ein Chamäleon wirkenden Organisation – wird immer schwieriger.

Bei Menschen, die keine leitenden Funktionen ausüben, bildet die Frage der Arbeitsidentität das schwierigste Problem beim Aufbau des Gefühls sozialer Zugehörigkeit.

Selbstverständnis

Schon vor langer Zeit machte Emile Durkheim in seinem Buch *Über die Teilung der sozialen Arbeit* deutlich, welchen immensen Wert die Menschen der Selbsteinschätzung beimessen. Generell betrifft Identität weniger die Frage, wer man ist, als: wohin man gehört. In den 1970er Jahren war ich überzeugt davon, dass die Arbeit ganz unabhängig von der möglicherweise damit verbundenen Befriedigung für die von mir befragten Männer aus der Arbeiterklasse größte Bedeutung als Quelle ihres Ansehens in Familie und Gemeinde besaß. Damals hielt ich es für ausgemacht, dass die durch Arbeit verliehene Würde für außer Haus beschäftigte Frauen aus der Arbeiterklasse dagegen geringere Bedeutung hatte. Und für Beschäftigte aus der Mittelschicht schien der Inhalt der Arbeit größere Bedeutung zu besitzen als für Beschäftigte aus den unteren Schichten. Heute ist mir klar, dass ich die Klassen- und Geschlechtsunterschiede damals falsch verstanden habe. Darüber hinaus hat sich die Situation inzwischen verändert.

Viele Frauen aus der Arbeiterklasse nahmen gelegentlich eine Arbeit an, um das Familienbudget aufzubessern, und für diese Frauen war die Arbeit lediglich ein Werkzeug. Anderen Frauen jedoch, die ständig außer Haus arbeiteten, war die Arbeit ebenso wichtig für ihre Stellung in Familie und Gemeinde wie den Männern. Claire Siegelbaum hat auf einen der Gründe für meinen Irrtum hingewiesen: Frauen aus der Arbeiterklasse zeigen ihren Männern oft nicht, welche Bedeutung die Arbeit für sie hat, weil sie die Geschlechterrollen in der Familie nicht in Frage stellen möchten.

Auch die auf den Inhalt ihrer Arbeit bezogenen Investitionen von Männern aus der Mittelschicht habe ich damals falsch verstanden. Anfang der 1980er Jahre zeigte eine Reihe von Studien, dass es beim Wunsch nach Arbeitszufriedenheit kaum einen Unterschied zwischen Handarbeitern und einfachen Angestellten gab. Dienstalter und Titel hatten für Menschen, die mit Papier arbeiteten, fast dieselbe Bedeutung wie für Menschen, die manuelle Tätigkeiten verrichteten.[21] Ich hatte fälschlicherweise die Welt der höheren Angestellten mit der Welt der Mittelschicht gleichgesetzt.

Durchaus richtig verstanden hatte ich dagegen die Bedeutung der Organisation. Die Pyramide besaß eine relativ klare und stabile Identität, die für das Selbstgefühl der Beschäftigten bedeutsam war. Gut geführte Unternehmen vermittelten den Beschäftigten ein Gefühl des Stolzes, schlecht geführte boten immerhin eine gewisse Orientierung. Innerhalb einer fest verankerten sozialen Realität, die unabhängig von der eigenen Person existierte, gewann man ein gewisses Selbstverständnis in Bezug auf die Frustrationen und den Zorn, die man dort erlebte und empfand.

Für Farbige und für Einwanderer besaßen die festgefügten Arbeitshierarchien sowohl in Amerika als auch in Großbritannien eine weitere Bedeutung. Diese Institutionen waren gleichsam ein Wechsel auf soziale Integration. In Amerika verfügte ein schwarzer Arbeiter, der die mit einer höheren Position ver-

---

21 Diese berichtigende Einsicht verdanke ich meinen Kollegen Judy Wajcman und Robert Howard.

bundenen Rechte erworben hatte, über eine ganz persönliche Waffe gegen die alte Formel, wonach die zuletzt Eingestellten auch als Erste wieder entlassen wurden. In beiden Ländern gewannen Farbige und Einwanderer, die im öffentlichen Dienst arbeiteten, damit zugleich einen offiziellen Status. Vor einer Generation wurde noch gelegentlich die Ansicht geäußert, Außenseiter besäßen generell ein schwächer ausgeprägtes Gefühl für Arbeitsidentität als Menschen, die fest innerhalb des Rechtssystems oder der herrschenden Kultur verankert seien. In Amerika hieß es oft, schwarze amerikanische Männer besäßen keine Arbeitsethik. Wir wissen heute, dass diese Einschätzung vollkommen falsch ist. Die Forschungsarbeiten von William Julius Wilson und seinen Kollegen haben gezeigt, dass damals wie heute ein sicherer Arbeitsplatz das wichtigste Lebensziel unterprivilegierter schwarzer Männer darstellt.[22]

Die Entstehung einer neuen Bürokratieform hat die Zahl klassischer Arbeitsplätze statistisch nicht nachhaltig verringert. Und auch die Arbeitsidentität der älteren Art ist nicht verschwunden. Immer noch liegt der Wert der Arbeit für die meisten Menschen in deren Bedeutung für ihr Leben in Familie und Gemeinde. Geschwächt wurde das »moralische Ansehen« stabiler Arbeitsverhältnisse durch die mit Arbeitsplätzen neuerer Art verbundenen Lebensformen. Die Soziologin Katherine Newman hat das auf der untersten Ebene flüchtiger Arbeitsverhältnisse untersucht, nämlich im Bereich der so genannten McJobs, also der kurzfristigen Arbeitsverhältnisse in Schnellrestaurants oder Läden. Der Zugang zu solchen Jobs ist für unqualifizierte junge Leute eine positive Sache, doch sie machen sich Sorgen, wenn es nur langsam aufwärts geht. Die Arbeit erscheint als Sackgasse, selbst wenn sie durchaus Türen zu öffnen

22 Vgl. William Julius Wilson, *When Work Disappears: The World of the New Urban Poor,* New York 1996.

vermag.[23] In dieser Ungeduld zeigt sich eine Verschiebung im System der kulturellen Werte, bei der Stabilität als solche immer weniger moralisches Ansehen genießt. Etwas weiter oben auf der Beschäftigungsleiter hat auch die Arbeit im öffentlichen Dienst unter dieser Verschiebung gelitten. Dort sind manuelle Tätigkeiten immer weniger attraktiv für junge Leute. Tätigkeiten in der Pflege, als Hausmeister in Schulen oder Jobs im Transportbereich überlässt man zunehmend Einwanderern, die eher auf Stabilität und deren Vorteile achten als auf die kulturelle Bewertung der Arbeit.

In der Mittelschicht ist das Problem des moralischen Ansehens transparenter. Bei der Ausbildung junger Menschen für mittlere Positionen in der Privatwirtschaft betont man vor allem die Risikobereitschaft. Immer mehr junge Leute reagieren darauf und ziehen diesen Weg einer Laufbahn als Lehrer oder in anderen Bereichen des öffentlichen Dienstes vor. Ich habe nicht die Absicht, die Rekrutierungskrise im öffentlichen Dienst auf ein Werteproblem zu reduzieren. Bezahlung und Arbeitsbedingungen spielen eine wichtige Rolle. Doch das kulturelle Moment verringert den Glauben junger Menschen an den Charakter dieser Arbeit, den Glauben, durch die Arbeit in einer Bürokratie Ansehen in der Gesellschaft erwerben zu können.

Wenn Risikobereitschaft zu einem zentralen Wert geworden ist, sollten wir erwarten, dass Zeitarbeiter, Beschäftigte mit befristeten Arbeitsverträgen und andere Beschäftigte unterhalb der Elite im Bereich der neuen flüchtigen Arbeitsverhältnisse den verbesserten Status schätzen. Wie ich bei den Vorarbeiten für mein Buch *Der flexible Mensch* feststellte, finden Zeitarbeiter die ersten Jahre ihrer abwechslungsreichen Arbeit recht befriedigend. Doch auf Dauer erleben sie ihre Situation als frustrierend. Sie wünschen sich eine permanente Anstellung. Die Teil-

23 Vgl. Sennett, *The Corrosion of Character,* a.a.O.; Katherine Newman, *No Shame in My Game. The Working Poor in the Inner City,* New York 1999.

habe an der sozialen Struktur wird für sie mit der Zeit wichtiger als die persönliche Mobilität. Hier zeigt sich dasselbe Problem wie beim Übergang vom jungen Unternehmer ohne familiäre Verpflichtungen zum Unternehmer mittleren Alters, der eine Hypothek abzuzahlen hat. Das moralische Ansehen der Arbeit neuen Typs ist ein Erfolgsamulett, das Beschäftigte unterhalb der Elite-Ebene allerdings nur schwer im Rahmen eines Lebensprojekts einsetzen können. Hier überschneiden sich die in der Arbeit neuen Typs realisierten Zeitbedingungen mit der bekanntesten modernen Formulierung von Arbeitsidentität als moralischem Wert, nämlich der von Max Weber so genannten protestantischen Ethik.

Die Zeitmaschine, die den Motor der protestantischen Ethik bildet, ist der Aufschub der unmittelbaren Belohnung zu Gunsten langfristiger Ziele. Diese Zeitmaschine hielt Weber für das Geheimnis des »stahlharten Gehäuses«, in dem Menschen sich in starre Institutionen einmauern, weil sie auf einen zukünftigen Lohn hoffen. Der Aufschub der Belohnung ermöglicht Selbstdisziplin. Man schleppt sich auch dann zur Arbeit, wenn man damit unglücklich ist, weil man den Blick auf diese zukünftige Belohnung richtet. Diese hochgradig persönliche Form des aus der Arbeit bezogenen Ansehens erfordert eine bestimmte Art von Institution, wenn sie glaubwürdig sein soll. Sie muss stabil genug sein, um zukünftige Belohnungen auch gewähren zu können. Und die Manager müssen an ihrem Platz bleiben, um die Leistung der Beschäftigten zu bezeugen.

In dem neuen Paradigma ist der Aufschub der Belohnung kein sinnvolles Prinzip der Selbstdisziplin. Es fehlen die sozialen Voraussetzungen. Das ist im Auf und Ab der Konjunktur in den letzten Jahren sehr deutlich geworden. Der Abschwung hat ein Phänomen deutlich zu Tage treten lassen, das im Boom noch nicht so klar erkennbar war. Wenn die Lage sich verschlechtert, haben die Beschäftigten in den oberen Etagen einen größeren Handlungs- und Anpassungsspielraum als die in den unteren. Wenn Unternehmen in Schwierigkeiten geraten, können die Manager auf ein größeres und dichteres Netzwerk zurückgreifen, um sich aus der Affäre zu ziehen. Der für die Belohnung zuständige Zeuge flieht dann gleichsam wie Nietzsches *Deus absconditus* von der bürokratischen Bühne. In den High-Tech-Branchen, bei den Finanzdienstleistern und im Bereich der Medien hat diese Drehtür der Manager die Folge, dass der stetige disziplinierte Beschäftigte sein Publikum verloren hat.

Das Problem des Belohnungsaufschubs hat sich in Nordamerika und Europa noch dadurch verschärft, dass viele private Pensionsfonds zusammengebrochen und auch die staatlichen Rentenkassen in die Krise geraten sind. Die Zukunftssicherung, die das Wesen der protestantischen Ethik ausmacht, hat durch die Schwäche dieser Strukturen Schaden genommen, die nun keinen sicheren Hafen mehr darstellen.

Die Erosion der protestantischen Ethik zeigt sich wohl am deutlichsten in der persönlichen strategischen Planung. Mein Kollege Michael Laskawy hat kürzlich eine vergleichende Studie über die Karriereplanung junger Menschen in den 1970er Jahren und heute abgeschlossen.[24] Beide Gruppen haben ein Studium absolviert und sind ehrgeizig. Der überraschende Unterschied liegt in der Ausrichtung der Ambitionen. Die Gruppe der früheren Generation dachte an langfristige strategische Vorteile, die heutige Gruppe dagegen an die unmittelbaren Aussichten. Genauer gesagt, die ältere Gruppe war in der Lage, ihren Zielen sprachlichen Ausdruck zu verleihen, während die heutige Gruppe Schwierigkeiten hatte, ihre Ambitionen in Worte zu fassen. Insbesondere vermochte die ältere Gruppe die erwartete Belohnung konkret zu benennen, während die heutige Gruppe sie mit eher amorphen Wünschen umschrieb.

---

24 Michael Laskawy, *Uncommitted: Contemporary Work and the Search for Self. A Qualitative Study of 28–34 Year-Old College Educated Americans*, Ph.-D.-Dissertation, New York University, 2004.

Dieses Ergebnis sollte uns nicht überraschen. In den 1970er Jahren entsprach das Denken im Rahmen der strategischen Lebensplanung durchaus der Art, wie die Institutionen wahrgenommen wurden. Für einen ehrgeizigen jungen Menschen entspricht dieses Denken heute jedoch nicht mehr dem Erscheinungsbild avancierter Institutionen. Selbst wenn er in eine relativ festgelegte Arbeitspyramide eintritt, bleibt sein Bezugspunkt das fließende, gegenwartsorientierte Modell, das eher Chancen als tatsächlichen Aufstieg bietet.

Die Schichtzugehörigkeit ist hier die entscheidende Größe. Ein Kind aus privilegierten Schichten kann sich Konfusion in seinen persönlichen Strategien leisten, ein Kind aus den Massen dagegen nicht. Wer aus einer privilegierten Schicht stammt, hat wegen seines familiären Hintergrunds und wegen der Netzwerke im Bildungswesen gute Chancen. Die privilegierte Stellung verringert die Notwendigkeit strategischen Denkens. Starke, ausgedehnte Netzwerke ermöglichen es den Mitgliedern der oberen Schichten, sich auf die Gegenwart zu konzentrieren. Die Netzwerke spannen ein Sicherheitsnetz, das die Notwendigkeit langfristiger strategischer Planung verringert. Für die neue Elite ist die Ethik des Belohnungsaufschubs daher nicht so wichtig. Dichte Netzwerke sorgen für Kontakte und ein Zugehörigkeitsgefühl, ganz gleich, in welcher Firma oder Organisation man arbeitet. Die Menschen aus den übrigen Schichten verfügen dagegen über ein dünneres Netz informeller Kontakte und Unterstützungen, so dass sie in höherem Maße auf Institutionen angewiesen sind. Manchmal heißt es, die neue Technologie könne einen gewissen Ausgleich für diese Ungleichheit schaffen, weil junge Leute in elektronischen Chatrooms und in Gruppen Gleichgesinnter jene Informationen finden, die sie benötigen, um die Chancen des Augenblicks zu nutzen. In der Arbeitswelt ist das jedoch zumindest gegenwärtig nicht der Fall. Direkte Beziehungen haben hier immer noch entscheidende Bedeutung. Das ist einer der Gründe, weshalb

Techies so viele Konferenzen besuchen und Menschen, die zu Hause arbeiten und mit ihrem Unternehmen nur über den Computer verbunden sind, so oft von den Entscheidungsprozessen ausgeschlossen bleiben.

Ganz allgemein gilt: Je niedriger die Stellung innerhalb der Organisation und je dünner das eigene Netzwerk, desto größer die Notwendigkeit, das eigene Überleben durch strategisches Denken zu sichern. Und strategisches Denken erfordert einen lesbaren sozialen Plan.

Der bis hierher entwickelte Gedanke lässt sich folgendermaßen zusammenfassen: Die Erosion des sozialen Kapitalismus hat eine neue Art von Ungleichheit hervorgebracht. Nach der These, die ein neues Zeitalter angebrochen glaubt, sind die Menschen dadurch aus dem »stahlharten Gehäuse« befreit worden. Die alte institutionelle Struktur ist in den neuen flexiblen Organisationen tatsächlich beseitigt worden. An deren Stelle ist eine neue Geographie der Macht getreten. Das Zentrum kontrolliert die Peripherie innerhalb einer Institution mit immer weniger bürokratischen Zwischenschichten. Diese neue Form von Macht vermeidet institutionelle Autorität und besitzt nur wenig Sozialkapital. In den Organisationen avancierten Typs stellen sich Defizite der Loyalität, des informellen Vertrauens und des akkumulierten institutionellen Wissens ein. Für den Einzelnen kann Arbeit zwar auch weiterhin großen Wert haben, doch das moralische Ansehen der Arbeit verändert sich. In den Organisationen avancierten Typs werden zwei Schlüsselelemente der Arbeitsethik entwertet: der Aufschub von Belohnungen und langfristig orientiertes strategisches Denken.

Auf diese Weise verringert sich das Soziale, und der Kapitalismus bleibt. Es entsteht ein immer engerer Zusammenhang zwischen Ungleichheit und Isolation. Ausgerechnet diese Veränderung machen Politiker zum Vorbild für ihre »Reformen« im öffentlichen Bereich.

Zweites Kapitel

Talent und das Gespenst der Nutzlosigkeit

Ein für die Weltwirtschaftskrise der 1930er Jahre typisches Bild bieten jene Fotografien, auf denen sich Menschen vor den Toren geschlossener Fabriken zusammendrängen und auf Arbeit warten, obwohl sie nur allzu genau wissen, dass es keine Arbeit mehr gibt. Diese Fotografien haben immer noch etwas Verstörendes, weil das Gespenst der Nutzlosigkeit keineswegs verschwunden ist. Nur der Kontext hat sich verändert. In den reichen Volkswirtschaften Nordamerikas, Europas und Japans wollen viele Menschen arbeiten und finden keinen Arbeitsplatz.

Nach der Weltwirtschaftskrise glaubten viele, gegen diese Nutzlosigkeit ein persönliches Heilmittel gefunden zu haben, das den Rezepten der Regierungen weit überlegen sein sollte: Wenn ihre Kinder eine gute Ausbildung erhielten und spezielle fachliche Fähigkeiten erwarben, würden sie immer gebraucht werden und immer einen Arbeitsplatz finden. Sogar heute glauben Menschen noch an dieses Heilmittel, aber auch hier hat sich der Kontext verändert. In der »Wissensgesellschaft« verfügen viele Arbeitslose durchaus über eine gute Schul- und Berufsausbildung. Doch die Arbeit, die sie suchen, ist in andere Weltregionen ausgewandert, wo sie billiger verrichtet wird. Es werden also Qualifikationen ganz anderer Art benötigt.

Auf den folgenden Seiten möchte ich der Frage nachgehen, welcher Zusammenhang zwischen dem Gespenst der Nutzlosigkeit und der Qualifizierung in Schule und Beruf, also der, wie die Deutschen sagen, »Bildung« eines Menschen besteht. Dazu müssen wir einige grundlegende Fragen stellen: Was heißt Bildung oder Qualifikation? Wie lässt sich die Bildung eines Menschen in ökonomischen Wert umsetzen? Diese Fragen betreffen Ökonomie, Psychologie und Soziologie gleichermaßen. Sie sind von solcher Reichweite, dass ich nicht hoffen darf, Antworten zu finden, sondern allenfalls die Probleme etwas zu klären.

Das Gespenst der Nutzlosigkeit zeigte sich in seiner neuzeitlichen Form erstmals bei der Entwicklung der Städte, in denen die Zuwanderer kein Land mehr hatten, das sie bestellen konnten. Die Menschen strömten in die Städte, weil sie in der Landwirtschaft kein Auskommen mehr fanden. Sie hofften, in den Fabriken Arbeit zu finden. Doch in London – um hier ein repräsentatives Beispiel zu nennen – kamen 1840 auf jeden Fabrikarbeitsplatz für Ungelernte sechs Arbeiter. David Ricardo und Thomas Malthus waren die ersten modernen Theoretiker der Nutzlosigkeit. Ricardo untersuchte, auf welche Weise die Märkte und die in der Industrie eingesetzten Maschinen den Bedarf an Arbeitskräften verringerten. Malthus spekulierte über die perversen Folgen des Bevölkerungswachstums. Keiner von beiden sah in der Bildung ein Heilmittel gegen das Überangebot an Handarbeitern. In der Frühzeit der Industrialisierung fanden nur wenige Arbeiter Zugang zu höherer Bildung, die Mobilität nach oben war sehr schwach ausgeprägt. Selbst die aufgeklärtesten Reformer glaubten nicht, die Masse der Menschen könne auf andere Art als durch Arbeit nützliche Fertigkeiten erwerben. Malthus hielt wie Adam Smith vor ihm und

John Ruskin nach ihm Fabrikarbeit für geisttötend. Als die Städte immer größer wurden, galt Nutzlosigkeit daher als notwendige, wenn auch tragische Folge des Wachstums.

Es gehört zu den echten Errungenschaften der modernen Gesellschaft, dass »Masse« und »Geist« keinen unauflösbaren Gegensatz mehr bilden. Die Bildungseinrichtungen sorgen dafür, dass mehr Menschen lesen und rechnen können, als die Viktorianer es sich jemals hätten vorstellen können. Der in den Zeiten der Weltwirtschaftskrise gehegte Traum, dass ein talentierter Junge – oder seltener ein Mädchen – Arzt oder Anwalt werden könne, scheint heute eher alltäglich zu sein. Nach groben Schätzungen liegt die Mobilitätsrate von Kindern ungelernter Arbeiter in die untere Mittelschicht in Großbritannien und Amerika bei 20 Prozent, in Deutschland bei 15 Prozent und in China bei 30 Prozent. Nicht gerade viel, wenn man auch die Gegenbewegung einrechnet, aber doch sehr viel größer als in der Frühzeit der Industrialisierung.

Durch diese unbestreitbaren Errungenschaften erhält aber Ricardos These nur eine neue und schmerzhafte Form. Die auf Qualifikationen angewiesene Wirtschaft schließt immer noch die Mehrzahl der Menschen aus. Das Bildungssystem produziert eine große Zahl gebildeter junger Menschen, die keine Anstellung finden, zumindest nicht in den Bereichen, für die sie eigentlich ausgebildet wurden. In ihrer modernen Form besagt Ricardos These, dass die Wissensgesellschaft möglicherweise nur eine geringe Zahl gut ausgebildeter, talentierter Menschen benötigt. Vor allem in den avanciertesten Bereichen der Hochfinanz, der modernen Technologie und der ausgeklügelten Dienstleistungen kommt die Wirtschaftsmaschine für ein profitables und effizientes Funktionieren vielleicht mit einer immer kleineren Elite aus.

Drei Kräfte prägen diese moderne Bedrohung: das weltweite Arbeitskräfteangebot, die Automatisierung und der Umgang mit dem Alter. Mit keinem dieser drei Faktoren verhält es sich jedoch ganz so, wie es auf den ersten Blick erscheinen mag.

Wenn die Presse besorgt über das weltweite Arbeitskräfteangebot schreibt, das Arbeitsplätze aus den reicheren Ländern abzieht, ist meist von einem »Rennen um die niedrigsten Löhne« die Rede. Der Kapitalismus sucht sich seine Arbeitskräfte angeblich dort, wo sie am billigsten sind. Das ist jedoch nur die halbe Wahrheit. Auch eine kulturelle Selektion ist hier im Spiel, wenn Arbeitsplätze solche Hochlohnländer wie die Vereinigten Staaten und Deutschland verlassen, um in Länder mit geringen Löhnen zu wandern, in denen es qualifizierte und zuweilen sogar überqualifizierte Arbeitskräfte gibt.

Ein gutes Beispiel dafür sind indische Callcenter. Die dort eingesetzten Arbeitskräfte beherrschen mindestens zwei Sprachen. Sie haben ihre Sprachkenntnisse so weit verfeinert, dass man nicht weiß, ob sie nun aus Hartford oder aus Bombay anrufen. Viele in Callcentern Beschäftigte haben eine zweijährige Universitätsausbildung hinter sich und sind auch an ihrem Arbeitsplatz gründlich ausgebildet worden. Indische Callcenter achten darauf, dass die Beschäftigten eine Unmenge von Daten in ihr Gedächtnis aufnehmen, damit sie die meisten Fragen rasch beantworten können und daher schnell wieder für die Annahme neuer Gespräche zur Verfügung stehen. Außerdem trainieren die Beschäftigten zwischenmenschliche Fertigkeiten, zum Beispiel Geduld mit nervigen Anrufern. Die Beschäftigten der indischen Callcenter besitzen eine höhere Bildung und eine bessere Ausbildung als Beschäftigte entsprechender Einrichtungen im Westen (mit Ausnahme der Callcenter in Irland und Deutschland, die einen ähnlichen Standard erreichen wie in Indien). Die Löhne für diese Arbeit sind in der Tat beschämend niedrig für derart hochqualifiziertes Personal.

Ein ähnliches Phänomen zeigt sich bei gewissen industriellen Arbeitsplätzen, die in die südliche Hemisphäre verlagert werden. Ein gutes Beispiel dafür sind die Automobilmontagewerke an der Nordgrenze Mexikos. Die Menschen, die dort eintönige Routinearbeit verrichten, sind vielfach hochqualifizierte Mechaniker, die ihre Werkstatt verlassen haben, um am Montageband zu arbeiten. Weiter nördlich würde man die Fließbandarbeiter der mexikanischen Montagewerke wahrscheinlich als Vorarbeiter oder Meister einsetzen.

Das beängstigendste Bild des ökonomischen »Wettrennens um die niedrigsten Löhne« ist das von Kindern, die ihr Zuhause und die Schule verlassen, um in den Hinterhofwerkstätten der südlichen Halbkugel zu arbeiten. Dieses Bild ist zwar nicht falsch, aber doch unvollständig. Denn der Arbeitsmarkt sucht auch qualifizierte billige Arbeitskräfte. Die Vorteile überqualifizierter Arbeitskräfte sind für Arbeitgeber in der südlichen Hemisphäre dieselben wie für solche in höher entwickelten Ländern. Qualifizierte Beschäftigte besitzen eine bessere Fähigkeit zur Lösung von Problemen, vor allem wenn in der Routinetätigkeit etwas schief geht.

Andererseits sind die Menschen, die solche Tätigkeiten ausüben, vielfach sehr unternehmungsfreudig. Ein Arbeiter, der im mexikanischen Maquiladoras mehrere Jahre mit festem Lohn am Fließband gearbeitet hat, kann dadurch Kreditwürdigkeit erlangen und so die Möglichkeit erhalten, mit Hilfe eines Bankkredits ein eigenes kleines Geschäft aufzuziehen. Dieser Anreiz ist hier jedoch nicht so stark wie in Indien, wo der Hauptantrieb in der Möglichkeit liegt, als Subunternehmer für ein Callcenter tätig zu werden. Viele in den indischen Callcentern ausgebildete Beschäftigte gründen solche kleinen Betriebe, die dann als Subunternehmer für die großen ausländischen Callcenterfirmen arbeiten.

Natürlich darf man diese Dinge nicht außer Acht lassen. Wie die Masse der Arbeitsplätze in der südlichen Hemisphäre von ehemaligen Landarbeitern besetzt wird, so bleibt auch die Hoffnung, ein kleiner Geschäftsmann oder eine kleine Geschäftsfrau zu werden, für viele nur eine Hoffnung, auch wenn die Zahl der neu gegründeten Kleinunternehmen in Indien, Mexiko und China im letzten Jahrzehnt nahezu exponentiell gewachsen ist. Es muss hier allerdings betont werden, dass es sich dabei nicht um Ricardos Leute handelt. Wir können sie nicht einfach als Opfer einstufen. Sie haben Anteil am System, und sie haben Interesse daran.

Das betone ich wegen der Folgen für die westlichen Länder. Diese Menschen besitzen einen höheren Status als ihresgleichen in der nördlichen Hemisphäre, auch wenn sie niedrigere Löhne erhalten. Die bei ihnen anzutreffende Kombination aus Motivation und Qualifikation, also ihre Bildung, ist für Arbeitgeber besonders attraktiv. Bei uns müssten die Arbeitnehmer, die verdrängt worden sind, ihr Humankapital verbessern, um wettbewerbsfähig zu bleiben, doch das können nur wenige. Und wenn sie mit diesen ausländischen Arbeitnehmern nicht konkurrieren können, müssen sie damit rechnen, nicht mehr gebraucht zu werden. Das Gespenst der Nutzlosigkeit verbindet sich hier mit der Fremdenangst. Unter der Kruste schlichter ethnischer oder rassischer Vorurteile vermengt sich die Fremdenangst mit der Befürchtung, die anderen könnten für das Überleben besser gerüstet sein. Für diese Befürchtung gibt es in der Realität durchaus eine gewisse Grundlage. Der Begriff »Globalisierung« bezeichnet unter anderem die Wahrnehmung, dass die Ausgangspunkte menschlicher Energie sich verlagern und die Menschen in der bereits entwickelten Welt deshalb möglicherweise den Anschluss verlieren.

Das zweite Gespenst der Nutzlosigkeit lauert in der Automatisierung. Die Furcht, die Maschinen könnten die Menschen verdrängen, ist schon alt. Als die ersten dampfgetriebenen

Webstühle aufgestellt wurden, kam es in Frankreich und England zu Weberaufständen. Ende des 19. Jahrhunderts machten viele Stahlarbeiter die schmerzhafte Erfahrung, dass ihre Arbeit »entqualifiziert« wurde. Maschinen übernahmen die komplizierten Arbeiten, den Männern blieben nur schlecht bezahlte Routinetätigkeiten. Allerdings wurden die Gefahren der Automatisierung in der Vergangenheit oft übertrieben dargestellt.

Das Problem lag in der Konstruktion und Entwicklung der Maschinen. Dafür möchte ich hier ein Beispiel aus meiner persönlichen Umgebung anführen. Mein Großvater, der im Maschinenbau tätig war, arbeitete sechzehn Jahre lang (von 1925 bis 1941) an der Entwicklung eines Roboterarms, der eine Bewegungsgenauigkeit von einem Millimeter erreichen sollte. Die Zahn- und Riemengetriebe für diese High-Tech-Maschine kosteten ein Vermögen, und der Roboterarm selbst musste ständig neu eingestellt werden. Nachdem der Arbeitgeber meines Großvaters ein Vermögen für diesen Roboter ausgegeben hatte, gelangte er zu der Erkenntnis, dass menschliche Finger billiger seien. Diese Geschichte wiederholte sich im Bereich des gesamten Maschinenbaus immer wieder. Die einzigen wirklichen Einsparungen durch echte Automatisierung – bei der ein ganzer Produktionsprozess oder zumindest ein großer Teil von Maschinen übernommen wird – dürfte es in jener Groß- und Schwerindustrie gegeben haben, die Güter wie elektrische Kabel oder Metallrohre produziert.

Dank der Revolution im Bereich der Computer und der Mikroelektronik lässt sich ein Roboterarm, wie mein Großvater ihn konstruieren wollte, heute schnell und effizient am Bildschirm entwerfen. Die Aufgabe der empfindlichen Zahnräder und Hebel, mit denen er arbeitete, übernehmen dabei Mikroprozessoren. Im Dienstleistungsbereich hat die Automatisierung die Science-Fiction-Vorstellungen von einst technologische Wirklichkeit werden lassen. Dabei denke ich an intelligente automatische Anrufbeantworter – die auch eine Gefahr für die Callcenter darstellen – und an Strichcode-Lesegeräte, die große Veränderungen im Rechnungswesen, in der Lagerverwaltung und im Verkauf gebracht haben. Die Elektronik ermöglicht außerdem eine Automatisierung der Qualitätskontrolle, bei der das menschliche Auge durch sehr viel strengere Laser-Prüfgeräte ersetzt wird.

Im herstellenden Gewerbe nutzt man diese Technologien auf besondere Weise. Die Automatisierung ermöglicht es den Herstellern nicht nur, auf Veränderungen in der Nachfrage rasch zu reagieren, da die Maschinen leicht umprogrammiert werden können. Sie sind auch in der Lage, ihre Produktion schnell umzustellen und so die Lagerhaltung gering zu halten.

Automatisierung verspricht sowohl Produktivitätszuwächse als auch Einsparungen im Bereich der Arbeit. An zwei Beispielen möchte ich verdeutlichen, wie sie das bewirkt. Durch den Einsatz fortgeschrittener Spracherkennungsprogramme erhöhte die Sprint Corporation ihre Produktivität von 1998 bis 2002 um 15 Prozent und ihre Einnahmen um 4,3 Prozent jährlich. Im selben Zeitraum verringerte sie die Belegschaft um 11 500 Beschäftigte. Die Stahlproduktion stieg von 1998 bis 2002 in den Vereinigten Staaten von 75 Millionen Tonnen auf 102 Millionen Tonnen, obwohl die Zahl der Stahlarbeiter von 289000 auf 74000 sank. Diese Arbeitsplätze wurden nicht ins Ausland verlagert. Zum größten Teil übernahmen ausgeklügelte Maschinen die Arbeit.[25]

Das heißt, die Beschäftigten begegnen heute tatsächlich dem Gespenst der durch Automatisierung herbeigeführten Nutzlosigkeit.

---

25 Jeremy Rifkin, *The End of Work: The Decline of Global Labor Force and the Dawn of the Post-Market Era,* New York 1995; dt.: *Das Ende der Arbeit und ihre Zukunft,* Frankfurt/M. 2004; ders., »The Return of a Conundrum«, in: *The Guardian,* 2. März 2004.

Wenn Soziologen in der Vergangenheit über die Folgen der Automatisierung nachdachten, stellten sie sich vor, anstelle der von Maschinen übernommenen Handarbeit würden mehr Arbeitsplätze im Bereich der Verwaltung und der Dienstleistungen geschaffen. Auf diesem Glauben basierte auch die von Daniel Bell und Alain Touraine aufgestellte These der »postindustriellen Gesellschaft«.[26] Vor fünfzig Jahren war es durchaus gerechtfertigt, an solch eine Verlagerung der Arbeitsplätze zwischen den verschiedenen Sektoren zu glauben, denn damals ließen sich Maschinen nur für mechanische Aufgaben einsetzen. Die heutigen Maschinen können dagegen Arbeit in allen Bereichen übernehmen. Die Arbeitsplatzverluste bei der Sprint Corporation betrafen gerade die Verwaltung und die Dienstleistungen.

Was für Maschinen sind das? Als der Uhrmacher Jacques de Vaucanson Mitte des 18. Jahrhunderts einen mechanischen Flötenspieler baute, schien das Wunderbare an diesem Automaten in seiner Menschenähnlichkeit zu liegen. Im Geiste Vaucansons konzentriert sich die Automatisierungstechnologie auch heute noch vielfach auf die Nachahmung der menschlichen Stimme oder des menschlichen Kopfes – Letzteres mit Hilfe cleverer Überwachungskameras, die umherschwenken und auf alles Ungewöhnliche fokussieren, das die Maschine »sieht«. Andere Technologien ahmen dagegen nicht den Menschen nach. Das gilt vor allem für Computertechnologien, an deren Geschwindigkeit kein Mensch heranreicht. Das Bild, wonach die Maschine zwei Hände ersetzt, ist deshalb falsch. Wie der Arbeitsanalytiker Jeremy Rifkin bemerkt hat, vergrößert sich der Bereich der Nutzlosigkeit gerade auch dadurch, dass

26 Daniel Bell, *The Coming of Post-Industrial Society. A Venture in Social Fore-Casting,* New York 1973; dt.: *Die nachindustrielle Gesellschaft,* Frankfurt/M. 1985; Alain Touraine, *La société post-industrielle,* Paris 1969; dt.: *Die postindustrielle Gesellschaft*, Frankfurt/M. 1972.

Maschinen ökonomisch wertvolle Dinge tun, zu denen Menschen gar nicht fähig sind.

Die weltweite Migration der Arbeitsplätze und die echte Automatisierung sind zwei Sonderfälle, die nicht die gesamte Arbeit, sondern nur einen Teil betreffen. Ein weitaus wichtigeres Moment der Nutzlosigkeit ist das Alter. Jeder Mensch wird älter und schwächer. Irgendwann kommt für uns alle der Augenblick, da wir nutzlos (im Sinne von unproduktiv) werden. In der modernen Wirtschaft erfährt das Alter als Maßstab für Nutzlosigkeit seine Feinabstimmung jedoch auf zweierlei Weise.

Bei der ersten handelt es sich um reine Vorurteile. Als ich Anfang der 1990er Jahre Menschen aus der Werbebranche befragte, befürchteten diese, mit dreißig »auf dem absteigenden Ast« und mit vierzig »ganz draußen« zu sein. Tatsächlich glaubt man in avancierten Organisationen oft, ältere Beschäftigte seien festgefahren, langsam und kraftlos. In der Werbung und den Medien verbinden sich die Vorurteile gegenüber dem Alter mit solchen gegenüber dem Geschlecht. Frauen mittleren Alters gelten dort als besonders antriebsarm. Diese Kombination findet sich auch bei den Finanzdienstleistern.

Das Phänomen des Alterns birgt ein offensichtliches Paradoxon. Dank der modernen Medizin können wir heute länger leben und länger arbeiten als in der Vergangenheit. Um 1950 war es durchaus sinnvoll, das Renteneintrittsalter auf 55 oder 60 Jahre festzulegen, da Männer im Durchschnitt nur wenig über das 70. Lebensjahr hinauskamen. Heute wird dagegen die Hälfte aller amerikanischen Männer älter als 80 Jahre, und die meisten sind bis Anfang 70 weitgehend gesund. Hält man an dem früheren Renteneintrittsalter fest, verbringen Männer am Ende ihres Lebens heute fünfzehn bis zwanzig Jahre, in denen sie produktiv tätig sein könnten, aber nicht arbeiten. Der Ausdruck »ausgebrannt« bezeichnet eher den Charakter der Arbeit als den physischen Zustand der Arbeitenden. In physiologischer Hinsicht könnte ein Mann mittleren Alters durchaus zwölf Stunden am Tag als Devisenhändler arbeiten – sofern er keine Familie und keine sonstigen Interessen hat.

Ein direkterer Zusammenhang zwischen Alter und Qualifikation gerät in den Blick, wenn wir nach der Haltbarkeit von Qualifikationen fragen. Wie lange halten die Fähigkeiten und das Wissen, die ein Ingenieur an der Hochschule erworben hat? Die Zeitspanne wird immer kürzer. Qualifikationen veralten immer schneller, nicht nur im Bereich der Technik, sondern auch in der Medizin, im Rechtswesen und in anderen Berufsgruppen. Nach einer Schätzung müssen Computerfachleute ihr Wissen und ihre Fähigkeiten in ihrem Arbeitsleben drei Mal völlig neu erlernen. Ähnliches gilt für Ärzte. Das heißt, wer Qualifikationen erwirbt, hat damit keinen dauerhaften Besitz erlangt.

An diesem Punkt kommt die Ökonomie des Arbeitsmarktes in besonders destruktiver Weise ins Spiel. Ein Arbeitgeber steht vor der Entscheidung, entweder einen fünfzigjährigen Arbeitnehmer durch Fortbildungsmaßnahmen auf den neuesten Stand zu bringen oder aber eine aufgeweckte junge Arbeitskraft von 25 Jahren einzustellen. Es ist viel billiger, die aufgeweckte junge Arbeitskraft anzuheuern, und zwar einerseits, weil der ältere Arbeitnehmer ein höheres Gehalt bezieht, und andererseits, weil Fortbildungsmaßnahmen insgesamt sehr teuer sind.

Es gibt noch eine weitere soziale Komplikation bei diesem Ersatz älterer Arbeitnehmer durch jüngere. Ältere Arbeitnehmer sind meist selbstsicherer und kritischer gegenüber ihrem Arbeitgeber als jüngere. Bei Fortbildungsmaßnahmen verhalten ältere Arbeitnehmer sich wie reife Studierende. Sie beurteilen den Wert der angebotenen Qualifikationen und die Art ihrer Vermittlung auf der Grundlage ihrer eigenen Erfahrungen. Der erfahrene Arbeitnehmer problematisiert die Bedeutung des vermittelten Lehrstoffs und beurteilt ihn im Licht seiner eigenen Vergangenheit. Der aufbegehrende »junge Wilde« ist dagegen ein Klischee, das in zahlreichen Untersuchungen zu jungen Arbeitnehmern widerlegt worden ist. Ohne Erfahrung und ohne gesicherte Position in der Firma neigen sie eher zu einem vorsichtigen Verhalten. Falls die Arbeitsbedingungen an ihrem Arbeitsplatz ihnen nicht zusagen, ziehen sie es vor, die Firma zu verlassen, statt Widerstand zu leisten. Sie können es sich leisten, da sie noch nicht so viele Verpflichtungen in Familie und Gemeinde eingegangen sind. In den Unternehmen bewirkt das Alter daher einen bedeutsamen Unterschied zwischen »Abwanderung« und »Widerspruch«, wie der Ökonom Albert Hirschmann diese beiden Verhaltensweisen genannt hat. Junge Arbeitnehmer geben eher nach und verlassen das Unternehmen, wenn sie unzufrieden sind. Ältere Arbeitnehmer sind dagegen kritischer und bringen ihre Unzufriedenheit durch offenen Widerspruch zum Ausdruck.

Zwar erkennt Hirschmann diesen Unterschied in allen Unternehmen, doch in den avanciertesten Betrieben besitzt er eine besondere Bedeutung, da man dort sehr ungeduldig auf gründliche Auseinandersetzung und bedächtige Introspektion reagiert. Gerade weil flexible Unternehmen von ihren Beschäftigten hohe Mobilität erwarten und frühere Verdienste oder lange Betriebszugehörigkeiten nicht belohnen, ist die Wahl des Arbeitgebers hier vollkommen klar. Jüngere Arbeitnehmer sind billiger und machen weniger Schwierigkeiten. Die vielen Firmen, die langfristige Investitionen in die Qualifikation ihrer Mitarbeiter tätigen, weisen eher traditionelle Organisationsformen auf. Nach Hirschmanns Ansicht werden solche Investitionen hauptsächlich von Firmen getätigt, denen Loyalität als betriebliches Kapital gilt.

In den Unternehmen, die nicht an den Strukturen des sozialen Kapitalismus festhalten, hat die Konzentration auf junge Talente zur Folge, dass mit wachsender Erfahrung deren Wert abnimmt. Bei meinen Interviews stellte ich fest, dass diese Abwertung von Erfahrung bei Unternehmensberatern besonders stark ausgeprägt ist. Sie haben ein berufliches Interesse an dieser Denkweise. Da es ihnen um die Veränderung von Institutionen geht, müssen sie gegenüber eingesessenen Mitarbeitern misstrauisch sein, deren angesammeltes institutionelles Wissen sie als Hindernis für raschen Wandel ansehen. Natürlich gilt das nicht unterschiedslos für alle Unternehmensberater. So akzeptieren die Mitarbeiter der Boston Consulting Group in weiten Bereichen ihrer Tätigkeit durchaus den engen Zusammenhang zwischen Qualifikation und Erfahrung. Der Boom der 1990er Jahre hatte dazu geführt, dass man eher oberflächliche, rasch zupackende Formen der Unternehmensberatung für gerechtfertigt hielt, wie wir sie an dem von Georgina Born beschriebenen Beispiel der BBC gesehen haben. In diesem Rahmen wird »Qualifikation« als Fähigkeit definiert, etwas Neues zu tun, statt auf bereits Gelerntes zurückzugreifen. Dabei stützt sich das Beratungskonzept des schnellen Wandels auf ein Schlüsselelement im idealisierten Selbstbild der New Economy, auf die Fähigkeit nämlich, loslassen und die Besitzstände einer etablierten Realität aufgeben zu können.

Die Formel, wonach der Wert von Erfahrung mit deren Zuwachs abnimmt, steht in der zurechtgestutzten Wirtschaft unserer Tage für eine tiefere Realität. Das Veralten von Qualifikationen ist ein dauerhaftes Merkmal des technologischen Fortschritts. Die Automatisierung ist den Erfahrungen gegenüber gleichgültig. Die Kräfte des Marktes sorgen weiterhin dafür, dass es billiger ist, frische Qualifikationen zu kaufen, als für Fortbildungsmaßnahmen zu zahlen. Und den Sog der qualifizierten Arbeitskräfte in der südlichen Hemisphäre vermögen die Arbeitskräfte im Norden nicht durch die Betonung ihrer bereits vorhandenen Erfahrungen abzuwenden.

Diese Verhältnisse lassen das Gespenst der Nutzlosigkeit zu einer konkreten Erscheinung im Leben vieler Menschen werden. Das Mantra der »Qualifizierung« allein vermag hier wenig auszurichten. Bevor ich mich der Frage zuwende, welche Art von Qualifikation denn eine Chance böte, muss ich diesen ökonomischen Überblick mit dem öffentlichen Sektor verknüpfen.

Das Gespenst der Nutzlosigkeit ist eine Herausforderung für den Sozialstaat, der sich im weitesten Sinne um die Bedürftigen kümmert. Was kann er für Menschen tun, die nicht mehr gebraucht werden?

Die Erfolgsbilanz des späten 20. Jahrhunderts ist auf diesem Gebiet nicht sonderlich überzeugend. Selbst in Ländern wie Großbritannien und Deutschland, die über ein gutes Fortbildungssystem verfügen, erwies es sich als äußerst schwierig, die durch Automatisierung bedingte Arbeitslosigkeit zu bekämpfen. Der Sozialstaat des 20. Jahrhunderts reagierte unzureichend auf die Automatisierung, weil es den Politikern an der nötigen Fantasie fehlte. Die Planer verstanden nicht, wie grundlegend die Automatisierung den Produktionsprozess verändern kann. In der Stahlindustrie etwa verringerten dieselben Kräfte, die zu einer Reduzierung der Belegschaft an den Hochöfen führten, auch die Zahl der in der Verwaltung Beschäftigten. Der Staat schreckte vor der gewaltigen Aufgabe zurück, diesen Wandlungsprozess durch kostspielige Maßnahmen abzufedern. Aber auch die Gewerkschaften scheuten sich, dem Problem wirklich ins Auge zu sehen. Statt die zukünftige Arbeitswelt mitzugestalten, konzentrierten sie sich auf den Schutz der bestehenden Arbeitsplätze. Theodore Kheel, Gründer des Automation House, der sich bei Tarifkonflikten in Amerika erfolgreich als Schlichter betätigte, war ein Rufer in der Wüste, als er den Regierungen der westlichen Staaten erklärte, das einzig wirksame Mittel gegen die Folgen echter Automatisierung bestehe darin, aus bislang unbezahlter Arbeit im Bereich der Kindererziehung oder gemeinnütziger Tätigkeiten bezahlte Arbeit zu machen.

Als ebenso unfähig erwies sich der Sozialstaat im Umgang mit dem Problem des Alters. Die Entwicklung der staatlich verordneten oder finanzierten Renten- und Krankenversicherungen im 20. Jahrhundert lässt sich als eine Form von Umverteilung begreifen, bei der Vermögenswerte oder Ansprüche von den jüngeren auf die älteren Generationen übertragen werden. Diese Umverteilung ist unter Druck geraten, weil die Menschen immer älter werden und die Geburtenrate in den entwickelten Gesellschaften ständig zurückgeht, so dass immer weniger Beschäftigte in die sozialen Sicherungssysteme einzahlen. Im Gesundheitswesen verbrauchen die Älteren heute den Löwenanteil der verfügbaren Ressourcen. Und alle wissen, dass dieses System so nicht länger finanziert werden kann. In dieser Zwangslage spielt nun das Altersethos des neuen Kapitalismus eine besondere Rolle. Dieses Ethos senkt die Legitimation der Bedürftigen. Nach neueren Untersuchungen empfinden jüngere Beschäftigte es als Zumutung, für die Älteren zahlen zu müssen, und selbst jemand meines Alters hat durchaus Verständnis für diese Abneigung. Die Jungen sind nicht gefragt worden, ob sie dieser Umverteilung zustimmen.

Und schließlich haben auch kulturelle Einstellungen verhindert, dass der öffentliche Bereich sich wirkungsvoll mit dem Gespenst der Nutzlosigkeit auseinander setzt. Der »neue Mensch« ist stolz auf seine Unabhängigkeit. Sozialstaatsreformer haben diese Einstellung zum Vorbild erhoben. Jeder soll sein eigener Versicherungs- und Vermögensberater sein. Praktisch verringert sich dadurch ebenso die soziale Verantwortung wie in der Privatwirtschaft. Zugleich verschließt man damit die Augen vor einer genauso harten Wahrheit. Nutzlosigkeit führt zur Abhängigkeit, und Unzulänglichkeit erzeugt Hilfsbedürftigkeit.

Zu den am stärksten betroffenen Menschen, die Forscher wie Katherine Newman und ich befragt haben, gehören männliche Mittelschichtangehörige mittleren Alters, die aus der alten Unternehmenskultur herausgefallen sind und nun Schwierigkeiten haben, einen Platz in der neuen zu finden. Aber wir sollten nicht sentimental werden, sondern versuchen, ihre Probleme zu verstehen. Nur wenige der von Newman und mir Befragten ergehen sich in Selbstmitleid. Wenn sie sich als Berater selbstständig machen, wie es viele von ihnen tun, nutzen sie jede Chance, die sich ihnen bietet. Die meisten sind bereit, sich mit ihrer eigenen »Angst vor dem Abstieg«, wie Newman es genannt hat, auseinander zu setzen.

Doch in ihren Gemeinden werden diese marginalisierten Menschen unsichtbar. Die anderen vermeiden es, allzu viele Fragen zu stellen, weil sie das Problem der Nutzlosigkeit nicht ansprechen möchten. »Deine Freunde reden mit dir über Sport oder die Kinder, aber nicht übers Geschäft«, erklärte mir ein Programmierer mittleren Alters. Wenn solche marginalisierten Männer versuchen, das Netz der einst an ihrem Arbeitsplatz geknüpften Beziehungen zu nutzen, erleben sie eine Enttäuschung. »Es ist, als würde Sie niemand mehr kennen«, meinte einer von ihnen. Das Schweigen, das diese Marginalisierung umgibt, verweist auf das größte soziale Tabu in Amerika, auf das in unserer Kultur »Unaussprechliche«: das Scheitern.

Die meisten der von uns Befragten wissen, dass sie Hilfe brauchen, aber sie wissen nicht, wie man ihnen helfen könnte. Die staatlichen Institutionen sind in der Tat nur schlecht auf den Umgang mit Abwärtsmobilität vorbereitet. Der Sozialstaat kümmert sich um Menschen, die gar keine Arbeit haben. Doch diese Männer sind eher unterbeschäftigt, und so bleiben sie unberücksichtigt. Die Marginalisierung in Gestalt von Unterbeschäftigung wirft Fragen hinsichtlich der menschlichen Ressourcen auf, die sich statistisch nicht erfassen lassen, obwohl das Phänomen real genug ist. Nach Schätzungen leidet ein Fünftel aller Männer zwischen fünfzig und sechzig unter Unterbeschäftigung. Für die Frauen derselben Altersgruppe liegen keine Zahlen vor, doch angesichts der Vorurteile gegen weibliche Beschäftigte im Allgemeinen und gegen solche mittleren Alters im Besonderen kann die Unterbeschäftigung bei ihnen sicher nicht geringer ausgeprägt sein.

Die Frage der Unterbeschäftigung verweist auf ein allgemeineres Problem. In der öffentlichen Diskussion über die Sozialpolitik spricht man gerne von Niedergeschlagenheit, verlorenem Leben und dergleichen. Der einfachste Weg zur Reform scheint dann darin zu bestehen, einen deutlichen Unterschied zwischen Abhängigkeit und Unabhängigkeit zu machen. Doch Nutzlosigkeit und Marginalisierung kommen in zahlreichen Abstufungen daher. Wenn man die Abstufungen ausschaltet, drückt sich der Staat vor der schwierigen Frage, wie er den relativ Bedürftigen und den teilweise Abhängigen helfen kann. Eine Politik, die sich diesen schwierigen Fragen stellt, müsste sehr viel einfallsreicher und feiner abgestimmt sein, als es heute der Fall ist. Anders gesagt, der Sozialstaat kann sich die Sache einfacher machen, wenn er Abhängigkeit und Marginalisierung als absolute Größen behandelt.

Am Ende des Buches werde ich Möglichkeiten aufzeigen, wie der öffentliche Bereich mit der Vieldeutigkeit der Nutzlosigkeit umgehen könnte. Um die Grundlage dafür zu legen, muss ich jedoch zunächst zwei Schlüsselbegriffe deutlicher herausarbeiten, die zur Definition menschlicher Fähigkeiten benutzt werden: handwerkliche Einstellung und Meritokratie.

Handwerkliche Einstellung und Meritokratie

Der Ausdruck »handwerkliche Einstellung« wird meist für Menschen gebraucht, die manuelle Arbeit verrichten. Er bezeichnet das Streben nach Qualität zum Beispiel bei der Herstellung einer Geige, einer Uhr oder eines Topfes. Das ist jedoch eine allzu enge Sicht. Auch auf geistigem Gebiet gibt es eine handwerkliche Einstellung, etwa die Leistung eines klaren Schreibstils. Und im sozialen Bereich könnte man einem Menschen handwerkliche Einstellung bescheinigen, der eine haltbare Ehe vermittelt. Eine umfassende Definition könnte lauten: etwas um seiner selbst willen gut machen. In allen Bereichen handwerklicher Einstellung spielen Disziplin und Selbstkritik eine wichtige Rolle. Man orientiert sich an gewissen Standards, und im Idealfall wird das Streben nach Qualität zum Selbstzweck.

Handwerkliche Einstellung legt das Schwergewicht auf Vergegenständlichung. Wenn Nicolò Amati eine Geige baute, brachte er sich nicht selbst durch diese Geige zum Ausdruck. Er baute eine Geige. Was immer er empfunden haben mag, er legte sein Können in diesen Gegenstand und beurteilte sich selbst danach, ob er seine Sache gut gemacht hatte oder nicht. Wir interessieren uns nicht sonderlich für die Frage, ob Amati bei seiner Arbeit deprimiert oder glücklich war. Wir achten vielmehr auf den Zuschnitt der f-Öffnungen und auf die Schönheit des Firnisses. Genau das meint Vergegenständlichung oder Objektivierung: eine Sache, die dazu gemacht ist, für sich selbst zu stehen.

Der Geist der Objektivierung vermag selbst ungelernten, scheinbar unqualifizierten Arbeitskräften einen gewissen Stolz auf ihre Arbeit zu vermitteln. In den 1970er Jahren führte meine Studentin Bonnie Dill eine Befragung unter Putzfrauen in Harlem durch. Es handelte sich um schlecht bezahlte schwarze Frauen, die von ihren weißen Arbeitgebern oft sogar missbraucht wurden. Am Ende des Tages bezogen auch diese Frauen ein gewisses Selbstwertgefühl aus der Tatsache, dass sie ein Haus gut geputzt hatten, auch wenn sie dafür nur selten Anerkennung erhielten.[27] Das Haus war sauber. Als ich in densel-

27 Bonnie Dill, *Across the Boundaries of Race and Class: An Exploration of the Relationship between Work and Family among Black Female Domestic Servants*, Ph. D.-Dissertation, New York University, 1979.

ben Jahren Bäcker in Boston befragte, zeigte sich, dass auch die jüngsten Beschäftigten eines Familienbetriebs, die von Vätern und Onkeln recht grob behandelt und zur Arbeit angetrieben wurden, am Morgen ihren Trost für diese Behandlung fanden: Das Brot war gut.[28]

Wir sollten die lindernde Wirkung handwerklicher Einstellung zwar nicht romantisieren, aber ohne sie können wir auch nicht verstehen, was es heißt, etwas um seiner selbst willen gut zu machen. Können hat seinen Wert, und zwar nach einem Maßstab, der zugleich konkret und unpersönlich ist: Sauber ist sauber.

Eine in diesem Sinne verstandene handwerkliche Einstellung findet in den Institutionen des flexiblen Kapitalismus kein gutes Zuhause. Das Problem liegt im zweiten Teil der Definition: etwas *um seiner selbst willen* tun. Je besser man es versteht, etwas gut zu tun, desto größeren Wert legt man darauf. Doch Institutionen, die auf kurzfristigen Transaktionen und ständig wechselnden Aufgaben basieren, sind einem solchen Arbeitsethos nicht gerade förderlich. Sie können dieses sogar fürchten. Das dafür im Management gebräuchliche Codewort lautet »festgefahren«. Wer sich in eine Tätigkeit vertieft, um sie richtig ausführen zu können, erscheint anderen zuweilen als festgefahren im Sinne einer Fixierung auf diese eine Sache. Und eine gewisse Besessenheit ist durchaus nötig für eine handwerkliche Einstellung. Sie ist das genaue Gegenteil der Einstellung des Unternehmensberaters, der kommt und geht und sich niemals niederlässt. Außerdem braucht man Zeit, um seine Fähigkeiten auf irgendeinem Gebiet zu vertiefen. Hochschulabsolventen brauchen gewöhnlich drei oder vier Jahre, um herauszufinden, welche Inhalte ihres Studiums sie tatsächlich nutzen können. Die Vertiefung von Fähigkeiten durch Praxis widerspricht den Zielen von Institutionen, die von ihren Beschäftigten erwarten,

---

28 Richard Sennett, *The Corrosion of Character*, a.a.O.

in rascher Folge unterschiedliche Dinge zu tun. Eine flexible Organisation ist zwar auf kluge Mitarbeiter angewiesen, doch sie gerät in Schwierigkeiten, wenn diese Mitarbeiter sich der handwerklichen Einstellung verschreiben.

Ein gutes Beispiel für diesen Konflikt erlebte ich, als ich mit einer Gruppe von Programmierern sprach, die ich einige Zeit vorher schon einmal befragt hatte. Sie arbeiteten in einem großen, aber hinsichtlich seines Geschäftsgebarens keineswegs vorbildlichen Software-Unternehmen. Diese Programmierer nahmen ihrer Firma übel, dass sie regelmäßig unausgereifte Software auslieferte, die dann erst nach Beschwerden und gerichtlichen Klagen unzufriedener Anwender in einen brauchbaren Zustand gebracht wurde. Die äußerst gewerkschaftsfeindlich eingestellten Programmierer gründeten daher eine lockere berufliche Bewegung mit dem Namen »Craft in Code« (Qualität in der Programmierung) und forderten, die Firma solle diese gewinnträchtige, aber qualitätsfeindliche Praxis aufgeben. Sie wünschten sich mehr Zeit, um die Programme ausreichend zu prüfen. Ihr Verständnis sinnvoller Arbeit verlangte, die Arbeit des Programmierens um ihrer selbst willen zu tun.

Die Meritokratie stellt eine flexible Organisation vor ein anderes Problem. Um den Ausdruck zu verstehen, müssen wir weit in die Vergangenheit zurückgehen.

Als das Erbe noch eine zentrale Tatsache im Leben der Europäer darstellte, konnte es Meritokratie im heutigen Sinne des Wortes nicht geben, nämlich als Belohnung eines Menschen, der seine Sache gut gemacht hat. Die Menschen erbten kirchliche Ämter oder militärische Positionen, wie sie Grund und Boden erbten. Diese Ämter und Positionen waren somit Besitzstände. Es war daher ein glücklicher Zufall und keineswegs eine unverzichtbare Voraussetzung für das Amt, wenn ein Bischof sich als frommer Mensch erwies. Wesentlich gravierender war jedoch der Umstand, dass man in einer Welt, in der Armee und Kriegsmarine eine wichtige Rolle spielten, selbst unfähige Kommandeure nicht ihres Amtes entheben konnte, auch wenn sie großes Leid verursachten – denn sie besaßen dieses Amt.

Die Bedeutung des Erbes schmälerte jedoch nicht den Wert persönlicher Fähigkeiten. Die ererbte Stellung und die persönlichen Fähigkeiten bildeten zwei parallele soziale Welten. Erst die Künstler der Renaissance begannen, eine Brücke zwischen beiden Welten zu bauen. Michelangelo verlangte von seinen Gönnern, sich seinem Genie zu beugen. Er verdankte seine Stellung allein seinem Genie. In Benvenuto Cellinis Autobiographie können wir sehen, wie dieser Anspruch allmählich Institutionen in Frage stellte. In jungen Jahren wurde Cellini Mitglied der Goldschmiedezunft, eines elitären Handwerks, in dem viele Maler der Renaissance ihre Karriere begannen. Die Aufnahme in diese Zunft erfolgte in der Regel, wenn auch nicht ausschließlich, durch Erbfolge. Und der Aufstieg innerhalb der Zunft hing davon ab, dass ältere Mitglieder starben oder in den Ruhestand traten. Cellini (1500–1571) war ein ehrgeiziger Mann, der ganz für sein eigenes Fortkommen und die Kunst lebte. Er übersprang die herkömmlichen Stufen des Aufstiegs und machte den Zünften wie auch anderen Institutionen, die nicht ausschließlich persönliche Fähigkeit belohnten, den Vorwurf, sie seien korrupt.

In diesem Vorwurf klingt ein neuer, moderner Ton an: die Gleichsetzung von Talent mit Verdienst. Besondere Fähigkeiten begründen den Anspruch auf soziales Ansehen. Dieser Ton hat sowohl eine soziale als auch eine persönliche Dimension. Die handwerkliche Einstellung fügte sich bestens in den Rahmen der mittelalterlichen Zunft. Hier konnten Meister und Lehrlinge danach streben, etwas um seiner selbst willen gut zu tun. Nun sorgte das Talent für eine neue Art sozialer Ungleichheit. »Kreativität« oder »Intelligenz« begründeten eine Form von »Überlegenheit« gegenüber anderen. Wer sie besaß, war ein wertvollerer Mensch. Hier liegt der Übergang von handwerklicher Einstellung zur Meritokratie.

Die moderne Meritokratie nahm ihren Anfang, als Institutionen sich selbst nach dieser Form von Ungleichheit zu strukturieren begannen. Einen Ausgangspunkt dieser Entwicklung bildet die berufliche Karriere Samuel Pepys', eines aus der Mittelschicht stammenden Briten, dem es in den 1660er Jahren als einem der ersten Staatsbeamten gelang, dank seiner geistigen Fähigkeiten innerhalb der Staatsverwaltung aufzusteigen. Pepys konnte vor allem gut addieren und subtrahieren. Er war in der Admiralität für die Versorgung der Flotte zuständig und musste abschätzen, wie viele Kanonenkugeln oder wie viel Pökelfleisch die Schiffe an Bord zu nehmen hatten. Er behauptete, er »verdiene« seinen Posten wegen seiner mathematischen Fähigkeiten, im Unterschied zum Earl of Shrewsbury, dessen Großtante eine Nichte des Königs war. In der Person Samuel Pepys' hatte Cellini gleichsam Eingang in die Bürokratie gefunden.

Ihre ersten realen Fortschritte machte die Vorstellung einer für Talente offenen Karriere im Bereich der militärischen Organisation. Wie bei der bürokratischen Pyramide, so wies auch hier das Militär der Wirtschaft den Weg zu einer an den Fähigkeiten orientierten Laufbahn. In Militärakademien wie dem im späten 17. Jahrhundert gegründeten St. Cyr zwang man die jungen Offiziere, die mathematischen Kenntnisse zu erwerben, die man für die Berechnung von Geschossbahnen benötigte. In den Militärakademien wurden auch die ersten Eignungstests durchgeführt, die im 18. Jahrhundert eine radikale Neuerung darstellten. Die Eignungstests in St. Cyr und in den preußischen Militärakademien waren unbestechlich; die Prüflinge wurden nicht namentlich aufgeführt, sondern erhielten eine Nummer. So war es möglich, ein unpersönliches Urteil über den Bewerber zu fällen, das allein auf dessen geistigen Fähigkeiten basierte. Die Prüfung bot einen relativ objektiven Maßstab für die Einschätzung individueller Fähigkeiten, der in jedem Fall eine objektivere Größe war als die Herkunft oder die Beziehungen des Bewerbers.

Diese militärischen Institutionen entdeckten nicht nur das Talent, sondern objektivierten zugleich den Misserfolg. Wer zu dumm war, wurde abgelehnt, ganz gleich, auf welche Herkunft er verweisen konnte. Dieser negative Aspekt war in gewisser Weise sogar noch wichtiger als der positive. Mit einem bürokratischen Verfahren maß man nun etwas, das tief im Menschen verborgen war, und bestrafte Menschen (zunächst Männer, später auch Frauen) für ihre mangelnden Fähigkeiten. Solche absoluten Maße für Unfähigkeit stärkten zusätzlich noch das »Verdienst« der Erfolgreichen. Ein unpersönliches Urteil bestimmte den persönlichen Wert.

Natürlich spielten Klasse und Vermögen auch weiterhin eine Rolle. Bis ins frühe 19. Jahrhundert hinein konnten wohlhabende Menschen in ganz Europa Offiziersstellungen kaufen. Doch daneben war nun der Berufsoffizier entstanden, mit dem für Berufe typischen Ansehen. Schon bald beherrschte dieselbe Struktur auch die Entwicklung von Berufen in der Zivilgesellschaft, wobei auch hier die Beurteilung im Mittelpunkt stand. Im Rechtswesen, in der Medizin, in der Buchführung, im Bildungswesen, überall folgte man diesem Muster. Die Wirtschaft kam als Letzte. Die moderne Business School vervollständigt die Veränderung, die in St. Cyr ihren Ausgang nahm. Heute prüft und misst die Wirtschaft ihre Arbeitskräfte geradezu obsessiv, um das Talent zu belohnen, mehr noch aber, um das Scheitern zu bestimmen.

Die meisten Thesen über die bevorzugte Behandlung mancher Gruppen im Bildungswesen und in der Wirtschaft auf der Grundlage der Rassen- und Klassenzugehörigkeit basieren auf dem Prozess, in dem die Meritokratie als unpersönliches Urteil über den Einzelnen Gestalt annahm. Einerseits heißt es, die herrschende Gesellschaft diskriminiere bestimmte Gruppen, und andererseits, die Gesellschaft verfüge über die technischen Instrumente, mit deren Hilfe sie die Fähigkeiten jedes Individuums feststellen könne. Die Debatte ist von einem hochgradig persönlichen Urteil geprägt. Denn die Suche nach Talent ist keine technische Übung, und »Verdienst« ist eine sehr viel tiefer ins Persönliche reichende Kategorie als »Kompetenz«.

Welche Bedeutung »Verdienst« besitzt, wird in einer eindrucksvollen Studie deutlich, die der amerikanische Soziologe Otis Dudley Duncan Mitte des 20. Jahrhunderts über mehrere Jahrzehnte hinweg durchführte. Er bat zunächst Amerikaner und dann auch Menschen in anderen Ländern, eine Reihe von Berufen in eine Rangfolge zu bringen, und stieß dabei auf einige überraschende Übereinstimmungen. Berufsgruppen wie Ärzte, Krankenschwestern, Lehrer und Sozialarbeiter erfreuen sich größerer Bewunderung als Manager oder Broker, die ein Mehrfaches an Einkommen erzielen. Lehrer und Krankenschwestern genießen auch höheres Ansehen als Politiker, die auf der Liste weit unten stehen. Großes Ansehen besitzen außerdem auch Handwerksberufe wie Elektriker und Zimmermann.

Der Grund für diese Rangordnung ist einfach. Die Angehörigen aller hoch angesehenen Berufe haben eine ihnen eigene geistige oder manuelle Fähigkeit entwickelt, die nicht von äußeren Umständen abhängt. Hätte Duncan »Politiker« durch »Staatsmann« ersetzt, wäre die politische Klasse vermutlich deutlich besser weggekommen, da dieses Bild dann ein Projekt beträfe, das über die bloße Manipulation äußerer Umstände und der Öffentlichkeit hinausginge. Duncans Forschung zeigt, dass berufliches Ansehen eher mit Selbstbestimmung und Autonomie gleichgesetzt wird als mit Geld oder Macht. In der Arbeitswelt wird »Verdienst« nach diesem Maßstab beurteilt.

Cellini hätte die Formel, wonach Verdienst gleich Autonomie ist, wohl verstanden. Er hätte verstanden, dass die Meritokratie den Geist der handwerklichen Einstellung in einen hochgradig persönlichen, abschätzenden Vergleich verwandelt. Aber er hätte sich über den bürokratischen Apparat gewundert, der zur Objektivierung des Verdienstes dient, und über die Bürokratisierung des Talents, die sich in der modernen Gesellschaft herausgebildet hat. Dieser bürokratische Apparat der Meritokratie hat für die Fähigkeit ein »stahlhartes Gehäuse« hervorgebracht, das jedoch den Einzelnen umgibt wie eine Einzelhaftzelle.

Wenn wir diesen Apparat verstehen wollen, müssen wir uns eine Tatsache vor Augen führen, die zugleich als evident und subtil erscheint. Evident ist die Tatsache, dass die Beurteilung von Fähigkeiten stets ein Doppelgesicht zeigt: Sie ermittelt vorhandene Fähigkeiten und sondert Inkompetenz oder Mangel an Fähigkeiten aus. Diese evidente Tatsache wird jedoch ein wenig problematischer, wenn wir uns den sozialen Kapitalismus ansehen, wie Bismarck ihn einst ersann. Dessen Institutionen förderten den Grundsatz des Verdienstes – aber auch den des Dienstalters. Der Apparat sollte die Massen integrieren, ob sie nun kompetent waren oder nicht, solange sie nur ihre Zeit investierten und der Institution dienten.

Die Suche nach Talent erfolgt in der modernen Gesellschaft und insbesondere in dynamischen Institutionen innerhalb eines Rahmens, der auf soziale Integration zielt. Dieselben Tests, Beurteilungen und Maßstäbe, die eine Belohnung der Besten ermöglichen, dienen auch dazu, die unterhalb dieses Eliteniveaus Stehenden auszusondern. Diese doppelgesichtige Suche nach Talent erlangt besondere Bedeutung bei Unternehmenszusammenschlüssen oder bei der Verkleinerung eines Unternehmens. Bürokratien rechtfertigen den Abbau einzelner Schichten oder Beschäftigtengruppen gerne mit dem Hinweis, dass nur die Fähigsten bleiben sollten. Natürlich kann das eine bloße Schutzbehauptung sein. Doch solche Institutionen werden dazu getrieben, unpersönliche, hastige oder willkürliche Veränderungen durch den Hinweis auf die Beseitigung der »Nieten« oder durch andere hochgradig persönliche Urteile zu rechtfertigen, die darüber entscheiden, ob jemand bleiben oder gehen soll.

Der Soziologe Pierre Bourdieu hat diese doppelgesichtige Beziehung als »Distinktion« im Sinne von Unterscheidung und Hervorhebung bezeichnet. Während man die Masse *stillschweigend* als bildungsbedürftig abqualifiziert, wird der Elitenstatus durch die Arbeit und kulturelle Institutionen ganz *ausdrücklich* zugewiesen.[29] In Bourdieus Augen geht es bei solcher »Distinktion« in erster Linie darum, die Massen in den Schatten zu stellen, indem man das Licht der Scheinwerfer auf die Elite richtet. In meinen Augen zeigen diese Scheinwerfer jedoch ein diffuses Bild. Das ist der subtile Aspekt der Talentsuche im Rahmen einer Meritokratie: die Beleuchtung und Definition dessen, was »Talent« überhaupt ist.

Bei der handwerklichen Einstellung sind wir in der Lage, die Leistung eines Menschen zu beurteilen, indem wir uns die konkreten Ergebnisse seiner Arbeit anschauen. Beschäftigte, die versetzt oder entlassen werden, können immerhin nachvollziehen, warum man sie so behandelt hat. Die Qualität indischer Computerprogramme oder chinesischer Konsumgüter ist eine solide Tatsache. Es mag den Anschein haben, dass die Tests und arbeitsbegleitenden Beurteilungen des Meritokratie-Apparats ebenso solide sind. Immerhin arbeitet man mit standardisierten Verfahren, und bei Tests werden die Namen durch Nummern ersetzt, um Objektivität zu gewährleisten. In Wirklichkeit jedoch sucht der bürokratische Apparat hier nach etwas, das gar nicht greifbar ist. So kann man zwar quantifizieren, welche Art von Arbeit autonom erscheint, nicht aber, was autonomes

29 Pierre Bourdieu, *La Distinction: Critique sociale du jugement*, Paris 1979; dt.: *Die feinen Unterschiede*, Frankfurt/M. 2003.

Handeln eigentlich ist. Handwerkliche Einstellung erfordert eine gewisse Meisterschaft und ein bestimmtes Wissen. Die neue Form von Talent wird dagegen nicht inhaltlich spezifiziert oder bestimmt. Avancierte Unternehmen und flexible Organisationen brauchen Menschen, die eher neue Fähigkeiten erwerben als auf ihre alten Qualifikationen bauen. Die dynamische Organisation benötigt die Fähigkeit, mit Veränderungen in Wissen und Praxis umzugehen.

Das Schema der Meritokratie birgt also ein weiches Zentrum bei der Beurteilung von Talent. Dieses weiche Zentrum betrifft Talent im Sinne potenzieller Fähigkeiten. In der Arbeitswelt besteht das menschliche »Potenzial« in der Fähigkeit, von einem Problem und von einem Gegenstand zum anderen überzugehen. Diese Fähigkeit hat eine gewisse Ähnlichkeit mit der Arbeit von Unternehmensberatern. Doch die Idee des Fähigkeitspotenzials zieht eine breitere Spur durch die kulturellen Aspekte der Arbeitswelt. Sie beeinträchtigt die Messung von Talent.

Das Fähigkeitspotenzial

Das Wort »Potenzial« ist ein rotes Tuch für jeden, der sich einmal über jene Psychologenclique geärgert hat, die im englischen Sprachraum als »human potential movement« bekannt ist. Obwohl es sich dabei allzu oft nur um einen Ableger der Selbsthilfe- und Selbstverbesserungsbranche handelt, die ihre Anhänger auffordert, das wahre und verborgene innere »Du« zu entdecken, begann die Erforschung des menschlichen Potenzials als ein durchaus seriöses Unterfangen. So beschrieb Abraham Maslow die menschliche Entwicklung in seinen Schriften als lebenslange Wechselwirkung zwischen den genetischen Fähigkeiten eines Menschen und seinen Erfahrungen in der Gesellschaft. Maslow versuchte, Freuds Vorstellung von Trieben und Instinkten durch ein plastischeres Verständnis der Formung des Ich in der Zeit zu ersetzen.[30] Seine Vorstellungen von dieser ständigen Entwicklung finden sich heute in den Schriften von Amartya Sen und Martha Nussbaum über menschliche Fähigkeiten.[31] Wie Maslow, so glaubt auch der Genetiker Richard Lewontin, dass die Biologie ein Repertoire an menschlichen Fähigkeiten bereitstellt, die im Laufe eines Lebens je nach den Umständen benutzt oder nicht benutzt werden.[32]

Die Suche nach potenziellen Fähigkeiten ist ein für den Anspruch der Meritokratie notwendiges Projekt. Auf Grund von Vorurteilen hinsichtlich Rasse, Klasse oder Geschlecht schöpft die Gesellschaft möglicherweise nicht die Fähigkeiten all ihrer Mitglieder aus, aber sie sollte sich wenigstens bemühen, dies zu tun. Dieser Anspruch geht weiter als der, den Anforderungen einer bestimmten Art von Institution mit flexiblem Regime zu genügen. Hier wird nämlich die Entdeckung potenzieller Fähigkeiten mit Gerechtigkeit gleichgesetzt.

In den Vereinigten Staaten stand dieser meritokratische Anspruch hinter der Einführung einer Eignungsprüfung, des so genannten Akademischen Eignungstests (Scholastic Aptitude Test). Ein Klischee besagt, dass das amerikanische Bildungssystem wenig Wert auf Wissen an sich legt, dafür aber großes Gewicht auf das Wissen, wie man Wissen erwirbt. Doch der Akademische Eignungstest wurde ursprünglich nicht eingeführt, um dem Wissenserwerb seine Bedeutung zu nehmen, sondern um das Projekt der »für das Talent offenen Karriere« zu vervollständigen. In den Jahren nach dem Zweiten Weltkrieg versuchten die Entwickler des Tests herauszufinden, wie sie das

---

30 Abraham Maslow, *Motivation and Personality,* New York 1987; dt.: *Motivation und Persönlichkeit,* Reinbek b. Hamburg 2002.

31 Martha Nussbaum und Amartya Sen, *The Quality of Life,* Oxford 1993.

32 Richard Lewontin, *The Genetic Basis of Evolutionary Change,* New York 1973.

Lernpotenzial bei jungen Leuten aus kulturell benachteiligten Bevölkerungsgruppen ermitteln konnten. Ihr Ziel war recht eng gesetzt: Es galt, eine neue Elite frischer Talente für Universitäten wie Harvard zu rekrutieren.[33] Der Akademische Eignungstest folgte einem alten amerikanischen Ideal, der von Jefferson beschriebenen Vorstellung einer »natürlichen Aristokratie«. Und in Jeffersons Augen war die Suche nach Talenten keineswegs doppelgesichtig. Er war der Überzeugung, eine natürliche Aristokratie passe sehr gut zur Praxis der Demokratie.[34] Der Akademische Eignungstest begann dieses alte Ideal zu verändern, indem er den Begriff der Fähigkeit neu definierte.

Ein Vergleich des Akademischen Eignungstests mit der Zulassungsprüfung der Militärakademie St. Cyr aus dem 18. Jahrhundert macht deutlich, worin das Neue besteht. In St. Cyr verlangte man von den Prüflingen zum Beispiel, eine Berechnung mit Hilfe einer quadratischen Gleichung durchzuführen. Danach sollten sie mit eigenen Worten erklären, wie sie die Berechnung durchgeführt hatten. Im Abschnitt »Patrie« (Vaterland) fragte man in St. Cyr nach der Definition von Begriffen wie Loyalität, Mut und Opfer. Das Prüfungsergebnis hing davon ab, ob der Prüfling die »richtige« Antwort gegeben hatte. Mit anderen Worten, es handelte sich um eine Prüfung, die sich mit unseren Leistungstests vergleichen lässt, denn sie setzte voraus, dass man im Fall der quadratischen Gleichung bereits wusste, wie man Zahlen in Worte übersetzt (versuchen Sie es einmal!). Und bei den Fragen zum Abschnitt »Patrie« musste man vertraut genug mit der Kultur des Landes sein, um zu wissen, welche Antwort die Prüfer als »richtig« gelten ließen. Überraschungen gab es bei diesem Test kaum, denn die Prüf-

---

33 Nicholas Lemann, *The Big Test: The Secret History of the American Meritocracy*, New York 1999.

34 Thomas Jefferson an John Adams; abgedruckt in: Lester Cappon (Hg.), *The Adams-Jefferson Letters*, Chapel Hill 1988.

linge wussten sehr genau im Voraus, welches Wissen sie dort nachweisen mussten.

Der Akademische Eignungstest ging von einem unschuldigeren Prüfling aus. Die Fähigkeit ließ sich hier von der Leistung trennen, indem man den Prüfling mit einem Problem konfrontierte, dessen Lösung möglichst geringe mathematische Kenntnisse voraussetzte. Man betrachtete den Prozess des mathematischen Denkens gleichsam unter dem Mikroskop. Und auch im sprachlichen Bereich ging es eher um den Vorgang des in Worten ausgedrückten Denkens als um korrekte Gedanken. Man beobachtete den mentalen Vorgang und trennte den Prozess vom Inhalt.

Wie das funktioniert, lässt sich an einem Vorbereitungsbuch für den Akademischen Eignungstest nachvollziehen, das sich mit dem scheinbar »objektivsten« Teil des Tests befasst, der Bedeutung von Wörtern. Hier zwei Definitionen, die für das Wort *incisive* (einschneidend, scharf, durchdringend) gegeben werden:

> Huntleys einschneidende Analyse führte bei den Wertpapierhändlern umgehend zu heftigen Verkaufsaktivitäten.

> Cheryls einschneidende Berichterstattung über die Affären im Rathaus machte sie zu einer aussichtsreichen Anwärterin auf den Pulitzer-Preis.[35]

Was ein Wertpapierhändler oder der Pulitzer-Preis ist, betrachte ich in diesem Zusammenhang als irrelevanten kulturellen Kontext. Doch das Nebeneinander der beiden Definitionen gibt ein Rätsel auf. Die erste vermittelt dem Teenager den Eindruck, Wertpapierhändler agierten auf der Basis »einschneidender« Informationen. Die zweite legt den Gedanken nahe, »einschnei-

35 Murray Brumberg und Julius Liebb, *Hot Words for the SAT*, New York 1989, S. 75.

dende« Informationen seien preiswürdig. Gleichen Wertpapierhändler also den Jurymitgliedern eines Literaturpreises? Wenn nicht, liegt der entscheidende Aspekt »einschneidender« Informationen in der Tatsache, dass sie bislang unbekannt waren. In diesem Fall wäre das Synonym für *incisive* eher *exposed* (neuartig, enthüllt) als *acute* (scharf, stechend), wie das Buch empfiehlt.

Die einzige praktische Möglichkeit, mit solchen Vieldeutigkeiten umzugehen, ist die Bereitschaft, sich nicht allzu lange dabei aufzuhalten. Die korrekte, objektive Antwort findet sich auf der mentalen Oberfläche des Prüflings. Wer sich auf die Vielfalt der Bedeutungen einlässt und tiefer einzudringen versucht, läuft Gefahr, zu viel Zeit zu verlieren und bei der Prüfung schlecht abzuschneiden. In diesem Sinne hat die Prüfung einen »weichen« Kern. Das rein operationale Denken verlangt geistige Oberflächlichkeit.

Dennoch sollen Prüfungen wie diese als Test für angeborene Fähigkeiten dienen. In dem brillanten jungen Mädchen, das in ihrem Ghetto in Chicago verloren wäre, schlummert angeblich ein ungenutztes Talent, das sich ganz unvermittelt zeigen kann. Im Prüfungsraum sollen ihre inneren Fähigkeiten die Ketten ihrer Lebensbedingungen abwerfen und frei hervortreten. Die Vorstellung einer von den Erfahrungen unabhängigen Fähigkeit ist jedoch eine Fiktion. Psychologen wie Howard Gardner haben außerdem die Frage gestellt, warum denn mathematische und sprachliche Fähigkeiten in höherem Maße »angeboren« sein sollen als visuelles oder akustisches Verständnis. Architekten denken in Bildern, Musiker in Klängen. Noch weniger greifbar ist die emotionale Intelligenz – Taktgefühl, Einfühlungsvermögen, die Fähigkeit, die Absichten zu erkennen, die hinter den Worten eines anderen stehen. Gerade diese Fähigkeit hat großen Einfluss auf den praktischen Erfolg in der Welt. Vor allem aber unterstellen wir – als Prüfer wie auch als Prüflinge –, dass alle Worte eine Bedeutung haben, also einen Referenten besitzen.

Mit diesen Einwänden soll nicht bestritten werden, dass Fähigkeiten existieren oder dass es entsprechende Unterschiede zwischen den Menschen gibt. Sie verweisen vielmehr darauf, dass der menschliche Geist im Rahmen dieser Suche nach einer natürlichen Aristokratie eine oberflächliche und verengte Gestalt angenommen hat. Soziale Bezüge, einfühlende Vernunft und emotionales Verständnis wurden dabei ebenso ausgeschlossen wie Glauben und »Wahrheit«. Je mehr sich die modernen Prüfer bemühten, kulturelle Vorlieben und Vorurteile auszuschalten, desto dünner wurde die »angeborene« Fähigkeit, nach der sie mit ihrem Test suchten – eine perverse Ironie.

Zu ihrer Verteidigung könnten die Anwender des Tests anführen – und das tun sie auch –, die Interpretation sprachlicher Äußerungen und mathematisches Denken seien jene praktischen Fertigkeiten, die eine intelligente junge Frau aus dem Ghetto brauche, um ihren Weg in der Welt zu machen. Diese Rechtfertigung und erst recht das Substantiv »Potenzial« in dem Ausdruck »Fähigkeitspotenzial« stehen in einer besonderen Beziehung zur Praxis flexibler Institutionen.

Wie wir gesehen haben, bevorzugen solche Institutionen jene Form geistigen Lebens, die der Unternehmensberater verkörpert, der von Firma zu Firma, von Problem zu Problem und von Arbeitsgruppe zu Arbeitsgruppe wandert. Auch die Mitglieder der Arbeitsgruppen müssen sich an diese prozessbetonte Arbeitsweise gewöhnen, da sie schon bald selbst ihren Arbeitsplatz innerhalb der Organisation wechseln werden. Diese Art von Arbeit erfordert tatsächlich ein bestimmtes Talent, nämlich die Fähigkeit, im Voraus darüber nachzudenken, was ohne Rücksicht auf Kontext und Bezüge getan werden kann. Im besten Fall handelt es sich hier um eine Arbeit, die viel Fantasie erfordert. Im schlimmsten Fall jedoch kappt solch eine Talentsuche die Verbindung zur Erfahrung und zum Verlauf der Ereignisse, verdrängt die sinnlichen Eindrücke, trennt die Analyse vom Glauben, ignoriert den Kitt emotionaler Bindungen und bestraft die gründliche und tiefergehende Auseinandersetzung. Diesen Zustand eines rein prozesshaften Lebens hat der Philosoph Zygmunt Bauman als »flüchtige Moderne« bezeichnet.[36] Und genau so ist die Arbeitswelt in den avanciertesten Bereichen auch beschaffen.

Wissen und Macht

Der Ausdruck »Fähigkeitspotenzial« führt uns zurück zum Verhältnis zwischen dem Talent und dem Gespenst der Nutzlosigkeit, das ein anderes Gesicht erhält, wenn wir die Art des Wissens beschreiben, das insbesondere in den fortgeschrittensten Bereichen der Wirtschaft von Nutzen ist.

Der französische Philosoph Michel Foucault hat auf beispielhafte Weise für die Neuzeit analysiert, wie Wissen bestimmte Formen von Macht ermöglicht. Er betrachtete die Entwicklung eines immer genauer ausgearbeiteten und immer dichteren Wissens, das eine immer umfassendere Macht über Individuen und Gruppen zum Ziel hatte. So war die Entwicklung der Psychiatrie in seinen Augen eng mit der Ausbreitung von Einschließungsinstitutionen verbunden.[37] Das Foucault'sche Schema erkennt jedoch im oberflächlichen Wissen kein Instrument der Macht und eignet sich daher nicht recht zur Untersuchung jener Formen, in denen Fähigkeitspotenziale in der modernen Meritokratie gesucht und eingesetzt werden. Doch er beleuchtete einen überaus wichtigen Aspekt der Meritokratie. Der großen Mehrheit derer, die unter ihrer Herrschaft stehen, nimmt sie die Macht über sich selbst.

---

36 Zygmunt Bauman, *Liquid Modernity*, a.a.O.

37 Vgl. z. B. Michel Foucault, *Surveiller et punir*, Paris 1993; dt.: *Überwachen und Strafen*, Frankfurt/M. 2001.

Als Michael Young den Ausdruck »Meritokratie« prägte, wollte er damit in groben, drastischen Strichen eine Gesellschaft zeichnen, in der eine kleine Zahl hochqualifizierter Menschen die alleinige Kontrolle besitzt. Foucault zeichnete ein detaillierteres Bild dieser Herrschaft. Demnach gelingt es der Elite, den Menschen das Gefühl zu vermitteln, sie seien selbst nicht in der Lage, sich zu verstehen und ihre eigene Lebenserfahrung zu interpretieren. Tests, die angeblich Auskunft über das Fähigkeitspotenzial geben, machen deutlich, wie sehr ein Wissenssystem unter die Haut gehen kann. Urteile über Fähigkeitspotenziale sind weitaus persönlicher als jede Leistungsbewertung. Leistung verbindet soziale und ökonomische Umstände, Zufälle und Chancen mit dem Ich. Das Fähigkeitspotenzial betrifft dagegen ausschließlich das Ich. Die Feststellung »Ihnen fehlt das Potenzial« ist weitaus verletzender als die Feststellung »Sie haben es vermasselt«, denn sie enthält eine sehr viel fundamentalere Aussage über das, was Sie sind. Sie vermittelt das Gefühl der Nutzlosigkeit in einem tieferen Sinne.

Gerade weil dieses Urteil so verletzend ist, versuchen Organisationen, die ständig nach inneren Fähigkeiten suchen, es nicht so geradeheraus auszusprechen. Personalchefs bemühen sich oft, den Schlag abzumildern. Sie sagen dann, dass jeder Mensch sehr vielfältige Fähigkeiten besitze, die leider doch gelegentlich durch die Maschen des Prüfungsnetzes fielen und so weiter und so fort. Oder man beurteilt das Fähigkeitspotenzial lieber informell, wie es in manchen Londoner Finanzinstituten geschieht. Dort stützen Vorgesetzte ihr Urteil über das Potenzial der Untergebenen sowohl auf ihr »Bauchgefühl« als auf objektive Verkaufserfolge. Bonuszahlungen zum Jahresende werden gelegentlich durch Verfahren bestimmt, die an die im antiken Rom gebräuchliche Praxis erinnern, die Zukunft aus den Eingeweiden geschlachteter Tiere herauszulesen. Zurückgestellt und nicht belohnt zu werden ist in solchen Firmen eine größere Verletzung als in einer Investmentbank, in der man die

Bonuszahlen oder die Zukunftsaussichten einfach aus den Verkaufserfolgen errechnet.

In Institutionen, die zwar heimlich eher die Fähigkeiten als die Leistung beurteilen, aber das offene, verletzende Urteil über mangelndes Potenzial lieber vermeiden, werden die Untalentierten unsichtbar und geraten aus dem Blickfeld. Auch hier wiederholt sich in den Organisationen, was die Menschen möglicherweise schon früher einmal in der Schule erlebt haben. Junge Leute, die als talentlos abgestempelt werden, kommen nicht mehr als Individuen in den Blick, sondern gelten als Kollektiv oder als Masse. Die Meritokratie, wie Young sie verstand, verschließt die Augen vor dem Problem, mit dem Verlierer sich herumschlagen zu müssen, der Erfahrung nämlich, dass sie der Institution gleichgültig sind, sobald das Urteil gefällt ist.[38] Wie Howard Gardner gezeigt hat, verkompliziert sich das Problem noch dadurch, dass die Talentsucher kein weites Netz aufspannen, das den vielfältigen Fähigkeiten unterschiedlicher Menschen entspräche, sondern die Suche nach Fähigkeitspotenzialen stark verengen.

Dabei unterscheiden Schule und Arbeitswelt sich in einem entscheidenden Punkt voneinander: Denn obwohl eigentlich niemand etwas an seinen angeborenen Fähigkeiten ändern kann, ist es eine bekannte Tatsache, dass sich durch entsprechende Übung bei Wiederholungstests eine deutlich höhere Punktzahl erreichen lässt. In der Arbeitswelt erhält man hingegen nur selten solch eine zweite Chance. In flexiblen Organisationen bilden die Personalakten den einzig harten Besitz der Firma. Als ich einmal eine Reihe dieser Akten durchsah, war ich erstaunt, wie wenig die Beurteilung einzelner Beschäftigter sich mit der Zeit änderte. Das erste Urteil setzte den Maßstab. In späteren Einträgen ging es nur noch darum, im Rahmen dieser Vorgabe zu bleiben. Die Übersetzung der Akten in eine

38 Michael Young, *The Rise of the Meritocracy*, New Brunswick 1993.

numerische Form, die sie auch für andere Manager verwendbar machen sollten, sorgte nur für eine noch rigidere Festlegung des Inhalts.

Der offen ausgesprochene oder insgeheim gehegte Glaube vieler Beschäftigter, ungerecht beurteilt worden zu sein, beleuchtet eine weitere Dimension der Beurteilungsmacht, die in diesem Fall nicht in Foucaults Schema passt. Denn hier interpretieren die Abgewiesenen, wie ich meine, ihre Erfahrung durchaus korrekt: Sie sind im Hinblick auf ihre Leistung tatsächlich nicht gerecht beurteilt worden. Dies Gefühl der ungerechten Beurteilung resultiert aus der Art, wie Firmen geführt werden. Um das zu verstehen, sollten wir uns an einige Merkmale des idealen Arbeitnehmers in den avanciertesten Institutionen erinnern.

Organisationen, in denen die Inhalte sich ständig ändern, erfordern mobile Problemlösungsfähigkeiten. Das Bestreben, sich sehr intensiv mit einem Problem zu beschäftigen, wäre dysfunktional, da Projekte ebenso abrupt enden, wie sie beginnen. Der Problemanalytiker, der weiterziehen kann und dessen »Produkt« in purer Möglichkeit besteht, scheint besser an die auf den Weltmärkten bestehende Instabilität angepasst zu sein. Die von flexiblen Organisationen verlangte soziale Qualifikation besteht in der Fähigkeit, mit anderen in Arbeitsgruppen gut zusammenzuarbeiten, die nur für kurze Zeit bestehen und in denen man seine Kollegen nicht genauer kennen lernt. Wird die Arbeitsgruppe aufgelöst und man selbst in eine neue Gruppe versetzt, muss man sehen, dass man möglichst schnell in ihr zurechtkommt. »Ich kann mit jedem arbeiten« lautet die soziale Formel für das Fähigkeitspotenzial. Dabei spielt es keine Rolle, wer die anderen sind. In Unternehmen, die sich sehr schnell ändern, darf das keine Rolle spielen. Die Qualifikation besteht darin, unter ganz beliebigen Umständen zur Kooperation fähig zu sein.

Diese Merkmale des idealen Ich sind eine ständige Quelle der Angst, weil sie die Masse der Beschäftigten *entmutigen*. Am Arbeitsplatz führen sie, wie wir gesehen haben, zu sozialen Defiziten der Loyalität und des informellen Vertrauens und entwerten die angesammelte Erfahrung. Außerdem höhlen sie die Fähigkeiten als solche aus. Und zwar in einer Weise, die über die bloße Neigung der Organisationen hinausgeht, in der Vergangenheit erbrachte Leistungen mit Blick auf die Zukunft zu ignorieren.

Wer eine handwerkliche Einstellung erwerben soll, muss lernen, wie er die Dinge richtig macht. Selbst bei der Verbesserung scheinbar einfacher Routinetätigkeiten spielen Versuch und Irrtum eine wichtige Rolle. Der Beschäftigte muss die Möglichkeit haben, Fehler zu machen und wieder von vorn zu beginnen. Welche angeborenen Fähigkeiten ein Mensch auch besitzen mag, zu ihrer Entfaltung gelangt diese Begabung nur schrittweise durch Übung und Wiederholung. In der Musik zum Beispiel wird selbst das Wunderkind nur dann zu einem reifen Künstler heranwachsen, wenn es gelegentlich Fehler macht und aus den Fehlern lernt. In einer beschleunigten Institution wird solches zeitaufwändige Lernen schwierig. Der Druck, möglichst rasch Ergebnisse zu erzielen, ist zu stark. Wie bei schulischen Prüfungen, so drängt auch am Arbeitsplatz der Zeitdruck die Menschen eher zur Eile als zu geduldiger Vertiefung.

Wenn Menschen mir sagten, sie hätten nicht die Möglichkeit, ihr Können zu zeigen, ging es ihnen offenbar genau um das Gefühl, an der Entwicklung ihrer Fähigkeiten gehindert zu werden. Als ich einmal Angestellte befragte, die in der Buchhaltung einer im Gesundheitswesen tätigen Organisation beschäftigt waren, klagten sie, der Zeitdruck sorge dafür, dass sie nur einen »mittelmäßigen« Job in ihrer Buchführung tun könnten. Wer schnell arbeite, werde zwar befördert, doch bei genauerem Hinsehen wären die Rechnungen dann oft nur schludrig bearbeitet. Auch in Callcentern runzeln Vorgesetzte die Stirn über Beschäftigte, die sich zu viel Zeit am Telefon nehmen und etwa ausführlich auf Anrufer eingehen, die nicht klar zum Ausdruck bringen können, was sie wollen. Wer schon einmal am Ticketschalter einer Billigfluglinie gewartet hat, kennt das Problem: Ungeduld wird institutionalisiert.

Grundsätzlich sollte jede gut geführte Firma eigentlich den Wunsch haben, dass ihre Beschäftigten aus Fehlern lernen. Daher sollte sie auch solche an Versuch und Irrtum orientierte Lernprozesse in gewissem Umfang zulassen. In der Praxis tun große Unternehmen dies jedoch nicht. Die Firmengröße ist hier tatsächlich das wichtigste Unterscheidungsmerkmal. In kleinen Unternehmen (bis etwa hundert Beschäftigte) hat der Umgang mit den Kunden direktere Auswirkungen auf das Überleben der Firma. In einer großen Krankenversicherung dagegen erwies sich Oberflächlichkeit als durchaus funktional. Wer sich allzu intensiv mit den Dingen auseinander setzte, wurde dafür nicht belohnt. In dem von mir und meinen Kollegen untersuchten Unternehmen hatte das zur Folge, dass es auch eine – für die frustrierten Kunden unsichtbare – große Zahl frustrierter Mitarbeiter gab.

Insgesamt lenkt also das reale Gespenst der Nutzlosigkeit den Blick auf ein folgenreiches kulturelles Drama: Wie kann man in den Augen der anderen wertvoll und nützlich werden? Der klassische Weg dahin ist der des Handwerkers, der ein spezielles Talent, eine besondere Fertigkeit entwickelt. Die Ansprüche einer handwerklichen Einstellung werden in der modernen Kultur von einer alternativen Wertformel in Frage gestellt.

Ursprünglich sollte die Meritokratie Menschen mit außergewöhnlicher Begabung – Jeffersons natürlicher Aristokratie – Chancen eröffnen. Dass solche Menschen eine Chance verdienten, wurde mit sittlichen Erwägungen begründet. Es war eine Frage der Gerechtigkeit, dass die Gesellschaft ihnen diese

Chance bot. Anfangs konfrontierte diese Talentsuche eine Elite mit einer anderen, die natürliche Aristokratie mit dem ererbten Privileg. Im Laufe der Zeit aber verfeinerte die Gesellschaft die Technologie, mit der sie nach ungewöhnlichen Talenten suchte. Mit ihrer Konzentration auf Entwicklungspotenziale statt auf vergangene Leistungen passt diese Talentsuche gut zu den speziellen Bedingungen flexibler Organisationen. Diese Organisationen nutzen die gleichen Instrumente für einen weiterreichenden Zweck: die Aussonderung und Förderung einzelner Beschäftigter. Der neiderregende Vergleich mit anderen hat tief greifende persönliche Auswirkungen. Wer bei dieser Auslese der Gruppe der Talentlosen zugeordnet wird, die über keine Ressourcen verfügen, bleibt in der Vorhölle zurück. Diese Menschen können als nicht weiter nützlich oder wertvoll angesehen werden, ganz gleich, welche Leistung sie früher erbracht haben mögen.

Drittes Kapitel

Politik als Konsum

Brütet die neue Ökonomie auch eine neue Politik aus? In der Vergangenheit lieferte die Ungleichheit die ökonomische Energie für die Politik. Heute wird Ungleichheit sowohl im Sinne der Vermögensverteilung als auch der Arbeitserfahrung neu konfiguriert.

Dass an der Spitze der sozialen Ordnung großer Reichtum entsteht, ist eine bekannte Tatsache. Noch folgenreicher ist aber möglicherweise die Klassentrennung innerhalb der Mittelschicht, und zwar zwischen denen, die von der neuen Ökonomie profitieren, und denen, die das nicht tun. Der Arbeitswissenschaftler Robert Reich spricht zum Beispiel von einer »Zweidrittelgesellschaft«, in der die »Qualifikationselite«, die »Herren der Information« und die »Symbolanalytiker« sich zunehmend von der stagnierenden Mittelschicht absetzen.[39]

Im unteren Bereich entsteht, wie Alain Touraine gezeigt hat, ein Klassenunterschied zwischen den Arbeitern, die in einer fließenden oder fragmentierten Wirtschaft einen Platz

---

39 Robert Reich, »The Revolt of the Anxious Class«, Rede auf dem *Democratic Leadership Council*, 22. Nov. 1994, S. 3.

finden – meist Einwanderer in die »grauen« Sektoren einer Volkswirtschaft –, und jenen Mitgliedern der traditionellen Arbeiterschaft, die einst unter dem Schutz der pyramidenförmig aufgebauten Gewerkschaften oder von Arbeitgebern mit geringerem Spielraum standen. Im mittleren Bereich haben die Menschen Angst vor Entlassung, Marginalisierung oder Unterbeschäftigung. Das institutionelle Modell der Zukunft bietet ihnen weder eine lebenslange Perspektive in der Arbeit noch die Aussicht auf sonderlich große Sicherheit im staatlichen Bereich. In der Netzwerkgesellschaft sind ihre Netzwerke nur dürftig ausgebildet.

Im Zeitalter des sozialen Kapitalismus sorgten Belastungen des ökonomischen Systems für *Ressentiments.* Der Ausdruck bezeichnet ein Bündel von Emotionen, zu denen insbesondere das Gefühl gehört, dass einfache Leute, die sich an die Regeln halten, nicht gerecht behandelt werden. Das Ressentiment ist ein intensives soziales Gefühl, das sich häufig von seinen ökonomischen Ursprüngen löst und auf andere Bereiche überträgt. Es erzeugt Abneigung gegen die Bevormundung durch eine Elite oder auch Hass auf die Juden oder andere innere Feinde, die sich angeblich gesellschaftliche Vorteile verschaffen, auf die sie keinen Anspruch haben. In der Vergangenheit wurden Religion und Patriotismus unter dem Einfluss des Ressentiments zu Instrumenten der Rache. Und auch heute ist dieses Gefühl keineswegs verschwunden. In den Vereinigten Staaten könnte man mit dem Ressentiment erklären, weshalb so viele Arbeiter, die einst der linken Mitte anhingen, inzwischen weit nach rechts gerückt sind und dabei den materiellen Druck in kulturelle Symbole übersetzen.

Obwohl das Ressentiment aber eine Realität darstellt, scheint es mir als entscheidendes Bindeglied zwischen Wirtschaft und Politik allzu eng, denn materielle Unsicherheit führt zu weit mehr als nur zur Dämonisierung der Galionsfiguren des unablässigen Wandels. Wir könnten tiefer in die alltägliche Erfahrung der Menschen eindringen, wenn wir die unterschiedlichen Arten untersuchen würden, mit denen die Menschen »Neues«, zum Beispiel neue Güter und Dienstleistungen, zu konsumieren lernen. Dann könnte man nämlich feststellen, ob sie beim »Einkauf« von Politikern ebenso vorgehen wie beim Kauf von Kleidern. Statt als verärgerten Wähler könnten wir den Bürger auch als Konsumenten von Politik begreifen, der gewissen Kaufanreizen erliegt.

Die Frage des Konsums führt uns mitten hinein in die neue Ökonomie und insbesondere in die Verkaufshallen des riesigen Einzelhandelsunternehmens Wal-Mart. Dieser international agierende Billiganbieter beschäftigte 2004 weltweit insgesamt 1,4 Millionen Menschen. Der Jahresumsatz von 258 Milliarden Dollar entspricht »zwei Prozent des amerikanischen Bruttoinlandsprodukts und dem achtfachen Jahresumsatz von Microsoft«.[40] Innovativ ist dieses neue Unternehmen hinsichtlich der Lieferanten – hier nutzt es die rasche Entwicklung des Fertigungssektors in China – und in der Nutzung fortschrittlicher Technologien. Das McKinsey Institute bezeichnet Wal-Mart als Avantgarde im Bereich der fortschrittlichsten Unternehmen. Seine Produktivität resultiert aus einer »ständigen Innovation im Bereich der Unternehmensführung«, die alle Macht im Zentrum des Giganten konzentriert, die Gewerkschaften zur Ohnmacht verurteilt und die Masse der Mitarbeiter so behandelt, als wären sie nur vorübergehend beschäftigte Zeitarbeiter.[41]

Der Reiz dieses Megalithen für die Verbraucher liegt in der Tatsache, dass sie alles, was sie billig kaufen möchten, an einem Ort finden – Kleidung, Autozubehör, Lebensmittel, Parfüms,

40 Simon Head, »Inside the Leviathan«, *New York Review of Books,* 16. 12. 2004, S. 80.

41 Vgl. McKinsey Global Institute, »US Productivity Growth, 1995–2000«, Sektion IV, »Retail Trade«, im Internet unter: www.mckinsey.com/knowledge/mgi/productivity.

Computer … Die Zentralisierung der Unternehmensführung scheint ihr Spiegelbild in den Laufwegen eines Kunden durch die Gänge eines Wal-Mart zu finden, wo er alles kaufen kann und die Computer gleich neben den Kleidern stehen. Obwohl die Angestellten nach meiner Erfahrung meist hilfsbereit sind, ist der »Verkäufer« als Kategorie bei Wal-Mart aus dem Konsumprozess verschwunden, denn es gibt keine persönliche Ansprache und keine Überredungsversuche mehr. Darin gleicht das Unternehmen fortschrittlichen Bürokratien, die alle mittleren, auf Interpretation ausgerichteten Personalebenen abgeschafft haben. Die Entscheidung, welches billige Produkt der Kunde nun kauft, überlässt man ganz dem sichtbaren Angebot und dem globalen Marketing.

So absurd es erscheinen mag, können wir die Frage nach dem Verhältnis von Wirtschaft und Politik in folgender Weise verfeinern: Verhalten die Menschen sich bei ihrer Entscheidung für Politiker genauso wie beim Einkauf im Wal-Mart? Das heißt, hat der zentralisierte Zugriff politischer Organisationen zugenommen auf Kosten vermittelnder lokaler Parteipolitik? Werden politische Führer heute auf dieselbe Weise »verkauft« wie Seife, als unmittelbar erkennbare Marken, die der Verbraucher aus dem Regal nimmt?

Wenn man all diese Fragen bejahen kann, wird die Vermarktung zum Angelpunkt der Politik, und das dürfte kaum gut für das politische Leben sein. Die Idee der Demokratie erfordert Vermittlung und persönliches Gespräch; sie verlangt Beratung statt Verpackung. Folgen wir diesem Gedankengang, sehen wir mit Bestürzung, dass die Verführungstricks der Werbung heute auch zur Vermarktung der Persönlichkeit und der Ideen von Politikern eingesetzt werden. Und wie die Werbung es den Kunden nur selten schwer macht, so machen es Politiker den Wählern gleichfalls möglichst leicht, sie zu »kaufen«.

Diese nahe liegende Antwort möchte ich in Frage stellen. Nicht dass sie falsch wäre – ich möchte lediglich behaupten, dass die neue Ökonomie sowohl das Marketing als auch die Politik kompliziert hat. Ohne Zweifel setzt Wal-Mart die Beschäftigten unter beträchtlichen Druck, befriedigt zugleich aber auch ein echtes Bedürfnis der Kunden.[42] Nur ein Snob könnte auf billige Produkte herabschauen. Sollten wir auf »billige« Politik herabschauen? Die politische Version des Megastores könnte die lokale Demokratie schädigen, aber ebenso wie die Werbung die individuelle Fantasie fördern. In der Politik führt dies möglicherweise zu einer Erosion des Inhalts und der Substanz, aber vielleicht regt es auch das Vorstellungsvermögen für Wandel an.

Dem korrekten politischen Denken wird solch eine Vorstellung nur frivol erscheinen. Die Vorkämpfer des neuen Kapitalismus behaupten jedoch entschieden, die neuen Strukturen mobilisierten die Fantasie des Wandels. Wir sollten wenigstens versuchen, den Formen, in denen Politiker heute vermarktet werden, und den Institutionen, die diese Vermarktung betreiben, mit Offenheit zu begegnen. Ich gebe zu, dass mir diese Offenheit schwer fällt, da mir der Verlust der lokalen, vermittelnden Politik eine tödliche Wunde zu sein scheint. Wenn die Wirtschaft sich weiter in die heute erkennbare Richtung entwickelt, die politischen Ideale aber weiterhin rückwärts gewandt bleiben, verkommen diese Ideale zu bloßer Nostalgie.

Die Leidenschaft, die sich selbst verzehrt

In der Antike trennten die Athener den Ort, an dem sie Politik trieben und den sie Pnyx nannten, von dem zentralen Wirtschaftsraum der Stadt, der Agora. Diese Trennung verkörpert eine klassische These im sozialphilosophischen Denken, wonach die ökonomischen Aktivitäten der Menschen deren poli-

42 Vgl. Liza Featherstone, *Selling Women Short,* New York 2004.

tisches Handeln zur Politik schwächen. Die Logik ist einfach. In Platons Augen basierte Ökonomie auf Bedürfnis und Habgier, während Politik sich an Recht und Gerechtigkeit orientieren sollte. Später nahm die Trennung zwischen Wirtschaft und Politik eine andere Wendung, wie Albert Hirschman in seinem Buch *Leidenschaften und Interessen* gezeigt hat. Im 16. und 17. Jahrhundert war man der Ansicht, der Handel sei friedlicher und maßvoller als die Politik, deren wahre Leidenschaft auf Gewalt aus war.[43]

Der Glaube, wonach die Ökonomie der Politik die notwendige Energie entzieht, wurde im Industriezeitalter dann wieder von einigen Versionen des Marxismus aufgegriffen. Dort behauptete man, die körperliche Auszehrung und seelische Abstumpfung der Fabrikarbeit zwinge den Arbeiter, sich auf das bloße Überleben zu konzentrieren, so dass ihm kein geistiger Raum mehr bleibe, sich andere Formen kollektiven Lebens vorzustellen. Diese Aufgabe müsse deshalb stellvertretend von einer revolutionären Avantgarde übernommen werden. Das heißt, politische Fantasie erfordert einen gewissen Schutz vor der ökonomischen Erfahrung.

Heute hat diese klassische Negativaussage eine andere Wendung erfahren, die mehr auf das Alltagsleben als auf die Theorie zielt und mit der Bedeutung von »Konsum« zusammenhängt. Im poetischen Sprachgebrauch meint eine verzehrende Leidenschaft eine Gefühlsbewegung, die so intensiv ist, dass sie sich selbst verbrennt. Etwas profaner ausgedrückt heißt dies, manche Dinge werden durch ihren Gebrauch aufgebraucht. Wir mögen einen brennenden Wunsch nach einem bestimmten Kleidungsstück empfinden. Wenn wir das Kleidungsstück

43 Albert O. Hirschman, *The Passion and the Interests: Political Argument for Capitalism Before Its Triumph*, Princeton 1977; dt.: *Leidenschaften und Interessen: Politische Begründung des Kapitalismus vor seinem Sieg*, Frankfurt/M. 1987.

dann gekauft und eine Weile getragen haben, verringert sich sein Reiz. Die Fantasie ist hier am stärksten in der Antizipation und wird mit dem Gebrauch immer schwächer. Die heutige Ökonomie stärkt solch ein sich selbst verzehrendes Gefühl, und zwar sowohl in den Einkaufszentren als auch in der Politik.

Im 19. Jahrhundert war Balzac der große Dichter dieser sich selbst verzehrenden Leidenschaften. Seine Figuren begehren brennend, was sie nicht haben, und verlieren diese Inbrunst, sobald sie es besitzen. Sie sind gleichsam Vorläufer des von Proust formulierten Gesetzes der Erotik, wonach wir am stärksten begehren, was uns am unzugänglichsten ist. In *Vater Goriot* beschreibt Balzac diese Psychologie als Verkörperung eines gesellschaftlichen Wandels, des Übergangs von altmodischen Bauern, die an ihren angesammelten Besitztümern hängen, zu eher kosmopolitischen Charakteren, deren materielle Wünsche mit ihrer Erfüllung sterben. Der Soziologe erklärt diesen gesellschaftlichen Wandel mit Veränderungen in den Institutionen, etwa mit der schwindenden Bedeutung ererbten Bodens oder geerbter Häuser als Grundlage des Reichtums, mit der Zunahme des verfügbaren Einkommens aus abhängiger Beschäftigung, das nun freier und regelmäßiger ausgegeben werden konnte als früher, oder mit der durch die maschinelle Produktion ermöglichten Vielzahl neuer Dinge, die man kaufen konnte.

Bei dieser sich selbst verzehrenden Leidenschaft sind Überfluss und Verschwendung eng miteinander verbunden. Wenn wir zum Beispiel einen Blick in den Kleiderschrank von Pariser Kanzlisten zur Zeit *des Ancien Régime* werfen könnten, fänden wir darin nur ein paar Frauenkleider, vielleicht zwei Garnituren Herrenkleidung und Schuhe, die von Generation zu Generation weitergegeben wurden – alles von Hand gefertigt. In der Küche fänden wir einen einzigen Satz Geschirr, ein paar Töpfe, Löffel und Schöpflöffel, auch sie von Hand gefertigt. Zu Balzacs Zeiten verringerte die mechanische Produktion die Kosten solcher alltäglichen Gebrauchsgegenstände und erweiterte zugleich deren Umfang. Erst Mitte des 19. Jahrhunderts konnte eine in bescheidenen Verhältnissen lebende Familie daran denken, abgetragene Schuhe wegzuwerfen, statt sie flicken zu lassen, oder mehrere Garnituren Kleidung für die verschiedenen Jahreszeiten anzuschaffen. Die mechanische Produktion erklärt, warum Georg Lukács Balzac als Propheten der kapitalistischen Ausweitung der Wünsche bezeichnen konnte, doch die Fülle der verfügbaren Erzeugnisse erklärt nicht die nachfolgende Erosion der Freude am Besitz.

Im 20. Jahrhundert brachte man für die sich selbst verzehrende Leidenschaft zwei Erklärungen vor, die jedoch beide nicht voll befriedigen können. Die eine verwies auf den »Motor Mode«, wonach Werbung und Massenmedien gelernt hatten, die Wünsche der Menschen in der Weise zu formen, dass diese immer unzufrieden mit den Dingen sind, die sie gerade besitzen. Diese Ansicht vertrat Mitte des Jahrhunderts Vance Packard in seinem einflussreichen Buch *Die heimlichen Verführer.*[44] Hier ist die Werbung der Bösewicht. Die zweite Erklärung machte den »geplanten Verschleiß« verantwortlich. Die Waren würden so hergestellt, dass sie nicht lange hielten, damit das Publikum neue Dinge kaufte. Die Tatsachen, auf die sich diese Erklärung stützte, stammten aus der amerikanischen Automobil- und Textilindustrie. Es hieß, die Autos würden so schlecht gebaut, die Kleidungsstücke so miserabel genäht, dass sie schon nach zwei oder drei Jahren nicht mehr zu gebrauchen seien.[45] Hier ist die Produktion der Bösewicht.

Zwar haben beide Erklärungen ihre Vorzüge, doch weisen sie dem Konsumenten eine lediglich passive Rolle zu – als blo-

---

44 Vance Packard, *The Hidden Persuaders*, New York 1957; dt.: *Die geheimen Verführer*, Bielefeld 1970.

45 Vance Packard, *The Waste-Makers*, New York 1960; dt.: *Die große Verschwendung*, München 1982.

ßem Spielball der Werbung oder als Gefangenem schlechter Produkte. Die Veränderungen in der Arbeitswelt und in der Talentsuche zeigen jedoch, dass der Einzelne möglicherweise aktiver an der sich selbst verzehrenden Leidenschaft beteiligt ist.

Bei der Untersuchung der Veränderungen in der bürokratischen Arbeit haben wir im ersten Kapitel gesehen, wie unsicher das Individuum hinsichtlich seiner Stellung innerhalb der fortschrittlichen Institutionen ist. Arbeit ist kein Besitzstand und hat auch keinen festgelegten Inhalt mehr. Sie wird zu einem Punkt in einem Netz, das sich ständig verändert. Ein Knoten in einem Netzwerk – dieses seltsam inhaltslose Wort findet sich heute in der Sprache der Manager – ist etwas ganz anderes als ein Amt im Sinne Max Webers. Die Menschen mögen heftig um Positionen innerhalb des Unternehmens konkurrieren, doch sie tun das nicht, um eine Position um deren selbst willen zu besitzen. Wie ich im ersten Kapitel zu zeigen versucht habe, gehört zu dieser Erfahrung weit mehr als ein übergroßer Ehrgeiz, der niemals zufrieden ist mit dem, was er hat. Arbeitsidentitäten nutzen sich ab und erschöpfen sich, wenn die Institution selbst ständig neu erfunden wird. Gerade der Umbau von Unternehmen hat vielfach den Charakter einer sich selbst verzehrenden Leidenschaft, vor allem, wenn es bei Firmenzusammenschlüssen um zukünftige »Synergien« geht. Ist die Ehe erst einmal geschlossen und das Personal reduziert, gerät die Suche nach Synergien aus dem Blickfeld. Ein Beispiel dafür war der Zusammenschluss zwischen Time-Warner und AOL Ende der 1990er Jahre. Dieser Wunsch verflüchtigte sich, als der Moment seiner Realisierung gekommen war.

Unter den modernen Bedingungen erhält auch das Talent einen Zuschnitt, der Ähnlichkeit mit der sich selbst verzehrenden Leidenschaft besitzt. Im zweiten Kapitel haben wir gesehen, dass festgefügte Qualifikationen in den fortgeschrittenen Bereichen der Technologie, der Medizin und der Finanzwelt sehr schnell in Frage gestellt werden. Handwerkliche Einstellung, also die Bereitschaft, etwas um seiner selbst willen zu tun, verliert zunehmend an Bedeutung in Institutionen, in denen vor allem Prozesse und Netzwerke zählen. Die flexible Organisation belohnt dagegen übertragbare »zwischenmenschliche Qualifikationen« wie die Fähigkeit, mit wechselnden Arbeitskollegen an unterschiedlichen Problemen zu arbeiten und das Handeln vom Kontext zu lösen. Vor allem die Talentsuche konzentriert sich auf eine vom Kontext unabhängige Problemlösungsfähigkeit, für die Beschäftigte des alten Typs als zu festgefahren gelten. Die Idee des Fähigkeitspotenzials betont die Aussicht auf Dinge, die in Zukunft zu tun sein werden. Die Leistung und die vollendete Beherrschung einer Tätigkeit verzehren sich selbst, Kontexte und Inhalte von Wissen verbrauchen sich bei ihrem Gebrauch.

Der Konsum spielt eine Schlüsselrolle bei der Vollendung und Rechtfertigung solcher Erfahrungen. Beim Kauf von Dingen erscheint es wünschenswert, die sich selbst verzehrende Leidenschaft in den Vordergrund zu stellen. Das geschieht auf zweierlei Art, auf eine direkte und auf eine subtile. Die direkte Art arbeitet mit Markennamen, die subtile lädt die Produkte mit Potenz und Potenzialen auf.

Marke und Potenz

In einer Studie über Konsumentenwünsche hat Sharon Zukin das eigentliche Dilemma des Einkaufens folgendermaßen beschrieben: »Dem Konsumenten fehlt das Produktionswissen, über das frühere Generationen verfügten.« So wussten »die Amerikaner in den 60er Jahren nicht mehr, wie man eine Kuh melkt, wie man einen Bagel backt oder wie man aus einer Seifenkiste oder einem Karton ein Auto baut«.[46] Daher glaubte Zu-

46 Sharon Zukin, *Point of Purchase,* London 2004, S. 185.

kin, wer intelligent einkaufen wolle, brauche ein neues Verständnis für die Beschaffenheit der Dinge und »handwerkliches Wissen« statt »Produktionswissen«. Und damit meint Zukin »ein gewisses Gefühl für die Qualitäten eines Produkts, bescheidene Kenntnisse hinsichtlich der verschiedenen Produktionstechniken und ein bestimmtes Vorstellungsvermögen hinsichtlich der Geschichte, die hinter einem Produkt steht – eine soziale Geschichte der kulturellen Tradition, aus der das Produkt stammt«.[47]

Mit anderen Worten, der moderne Konsument muss wie ein Handwerker denken, ohne wie ein Handwerker handeln zu können.

Theoretisch dürfte das zutreffen. Und in der Praxis liegt einer der Vorzüge von Wal-Mart, vor allem soweit es die Eigenprodukte des Unternehmens betrifft, im utilitaristischen Charakter der Märkte – den endlosen Reihen von Regalen, voll gepackt mit Dingen, über die der Verbraucher etwas wissen muss, wenn er seine Auswahl trifft. Andere Marketingformen versuchen dagegen, den Verbraucher zu hindern, wie ein Handwerker über den Nutzen eines Produkts nachzudenken. Durch die Schaffung einer Marke soll ein weltweit verkauftes Produkt etwas Besonderes erhalten, das es von anderen Produkten unterscheidet und die tatsächliche Gleichförmigkeit verbirgt. Die Mittel, mit denen man das heute erreicht, sind komplizierter als Packards Konzept der »Mode als Motor«.

Heute wird in der Fertigung zahlreicher Güter, von Autos über Computer bis hin zu Kleidung, weltweit die so genannte Plattformtechnik eingesetzt. Dabei stellt man ein Grundprodukt her, an dem man nur noch kleinere, oberflächliche Veränderungen vornimmt, um sie in ein bestimmtes Markenprodukt zu verwandeln. Der Herstellungsprozess entspricht nicht mehr ganz den bekannten Formen industrieller Massenpro-

---

47 Ebenda.

duktion. Durch den Einsatz moderner Technologien kann man Form und Größe von Flaschen und Schachteln rasch verändern. Auch der Inhalt lässt sich in der elektronischen Produktion schneller umgestalten als in der alten Fließbandproduktion, bei der das Werkzeug jeweils für spezielle Aufgaben eingerichtet werden musste.

Die Hersteller bezeichnen die am Grundprodukt vorgenommenen Veränderungen als »Vergoldung«, und dieser Ausdruck ist sehr treffend. Um ein letztlich doch standardisiertes Produkt zu verkaufen, erhöht der Anbieter den Wert geringfügiger, rasch und leicht herzustellender Unterschiede, so dass vor allem die Oberfläche zählt. Die Marke muss dem Verbraucher wichtiger erscheinen als die Sache selbst.

Ein gutes Beispiel sind hier die Automobilhersteller. Riesige Unternehmen wie VW oder Ford produzieren unterschiedliche Versionen eines weltweit verkauften Autos – mit Grundplattformen für Chassis, Motor und andere Bauteile –, die sie dann durch oberflächliche Unterschiede »vergolden«. Die Rohmontage auf den betreffenden Plattformen wird vielfach in Entwicklungsländern mit niedrigem Lohnniveau vorgenommen, die Vergoldung während der Endfertigung dann an Orten, die den lokalen Märkten näher liegen. Auch Computer stellt man auf diese Weise her. Chipsätze, Platinen und Gehäuse werden nach dem Plattformprinzip fern von den diversen Märkten hergestellt, die Marke erhält dann ihr Gesicht in größerer räumlicher wie auch zeitlicher Nähe zum Markt.

Die Plattformproduzenten stehen vor dem Problem, wie sie die Differenzierung des Produkts profitabel gestalten können. Schimpanse und Mensch haben 96 Prozent der DNA gemeinsam. Volkswagen muss seine Kunden davon überzeugen, dass die Unterschiede zwischen einem bescheidenen Skoda und einem hochpreisigen Audi – die etwa 90 Prozent der industriellen DNA gemeinsam haben – den doppelten Preis für das teure Modell rechtfertigen. Wie lässt sich ein inhaltlicher Unterschied von 10 Prozent zu einem Preisunterschied von 100 Prozent aufblasen? Dieses Problem gibt es auch bei Dienstleistungen. Die Geschwindigkeit eines Flugzeugs könnte man mit der Produktplattform vergleichen. Das Ticket für einen Transatlantikflug in der Business-Class kostet im Durchschnitt vier bis fünf Mal so viel wie das Ticket für die Economy-Class, doch der Geschäftsmann erhält nicht das Fünffache an Platz oder Service – und die Geschwindigkeit ist für alle dieselbe. Weder Skodas noch Audis neigen zu raschem Verschleiß, ihre Plattformen sind von exzellenter Qualität. Dieser bewundernswerte Aspekt der Herstellung stellt ökonomisch eine Bedrohung dar. Würde sich das Unternehmen ganz auf die Vorzüge der schieren Nützlichkeit und Wertbeständigkeit konzentrieren, würde es weniger Autos verkaufen, und die in Zukins Sinne am »Handwerklichen« orientierten Käufer würden eher zu einem Skoda neigen.

Den Unterschied sichtbar zu machen, wird daher zur entscheidenden Voraussetzung für den Profit. Wenn die Unterschiede sich entscheidend vergrößern lassen, wird der Betrachter möglicherweise der Konsumleidenschaft erliegen.

In der britischen Werbung wird der Skoda als etwas dargestellt, das für sich selbst steht. Man zeigt das Auto von innen und außen, und vielfach wird die Darstellung durch umfangreiche Informationstexte ergänzt. Der hochpreisige Audi dagegen wird bevorzugt aus der Sicht des Fahrers mit Blick nach draußen abgebildet. Die Werbung enthält wenig Text und wechselt von Anzeige zu Anzeige, je nachdem, ob es sich um ein Kabrio oder um eine Limousine des Spitzenmodells handelt, das in der Sahara ebenso zu Hause ist wie im Einkaufszentrum. Der visuelle Unterschied soll beim Käufer jede Assoziation zwischen dem Skoda und dem Audi verhindern.

Denn durch die Verringerung der Aufmerksamkeit für das Objekt als solches hofft der Hersteller, die damit verbundenen Assoziationen verkaufen zu können. Die ständig veränderte Sicht aus dem Fahrzeug soll »das Fahrerlebnis« hervorheben –

ein Vorgang, der ständig abgewandelt wird, so dass sich bei verschiedenen Marken und Modellen ganz unterschiedliche Perspektiven aus dem Autofenster ergeben. Natürlich haben wir hier ein funktionales Äquivalent für die Aussage, der Business-Class-Passagier fliege schneller über den Atlantik als die Leute im rückwärtigen Teil des Flugzeugs. Jede Marke steht vor der Aufgabe, Abwandlungen dieser Illusion zu erzeugen.

Durch das »Vergolden« haben sich die Formen des vor einem halben Jahrhundert entwickelten »geplanten Verschleißes« verändert. Als W. Edwards Deming unter der Bezeichnung »Total Quality Management« seine Ideen einer umfassenden Qualitätssicherung vorstellte, herrschten in der Produktion Zustände, bei denen die Verbraucher mangelhafte Produkte als selbstverständlich hinnahmen – ähnlich jenen Kunden eines Softwareproduzenten in Seattle, die es heute als normal empfinden, dass die ersten Versionen neuer Programme fehlerhaft sind. Die japanischen Hersteller von Automobilen und Unterhaltungselektronik, die Demings Ideen übernahmen, versuchten hingegen Produkte herzustellen, die nicht nach einer bestimmten geplanten Nutzungsdauer unbrauchbar wurden. Auf diese Weise hofften sie, eine Marktnische besetzen zu können. Und Firmen wie Toyota oder Sony hatten ausgezeichneten Erfolg damit. Ihre Autos und Geräte waren »fit für ihren vorgesehenen Zweck«, wie Deming es ausgedrückt hatte. Und damit hatte er sagen wollen, dass sie in unverwüstlicher Weise so funktionierten, wie sie gedacht waren, ähnlich einem Athleten, der fit für seine Aufgabe ist. Dank der Automatisierung der Produktion und dank elektronischer Produktprüfung ist das Total Quality Management inzwischen zur Norm geworden.

Das Problem ist natürlich, dass die Nachfrage nach einem Produkt zurückgeht, wenn dieser hohe Qualitätsstandard erst einmal erreicht ist. In gewisser Weise ist diese Herausforderung gar nicht neu. Als Henry Ford in den 1920er Jahren erklärte, der Kunde könne jedes T-Modell bekommen, das er haben wolle, sofern es nur schwarz sei, erwiderte sein Sohn Edsel Ford, dass man gerade mit Farben Gewinne erzielen könne. Verändert hat sich die Beteiligung des Kunden am Prozess der Vergrößerung von Unterschieden. Und damit gehen wir von den Zielen des Marketing über zu den Gründen für die Reaktion der Konsumenten.

Der Konsument sucht bei Waren, die einander immer ähnlicher werden, nach dem Reiz des Unterschieds. Darin gleicht er einem Touristen, der von einer Stadt zur anderen fährt, obwohl sie sich gleichen wie ein Ei dem anderen, und überall besucht er dieselben Geschäfte, um dieselben Produkte zu kaufen. Aber man ist gereist. Für den Konsumenten liegt der Reiz in der Bewegung. Der Soziologe Guy Debord meint, genau so verfahre der Konsument mit den Dingen. Die Veränderung der eigenen Wünsche werde wie beim Reisen gleichsam zu einem Spektakel. Dass die eingekauften Dinge dieselben sind, sei bedeutungslos, sofern man nur das Gefühl habe, dass die eigenen Wünsche sich veränderten.[48] Der Soziologe Erving Goffman zeichnete in seiner letzten Studie über die Werbung ein ganz anderes Bild der Beteiligung des Konsumenten. In seinen Augen handelt es sich bei den geschicktesten Formen von Werbung um einen »halbfertigen Rahmen«, der den Konsumenten einlädt, sich an der Fertigstellung zu beteiligen und das Bild selbst einzufügen.[49] Das gilt etwa für ironische Werbeformen wie eine Anzeige, die für ein Auto wirbt, indem sie die Sahara zeigt, aber kein Auto. Dennoch ist das Ergebnis für Debord und Goffman dasselbe. Der Konsument engagiert sich dank der eigenen Mobilität und Einbildungskraft. Bewegung und Unvollständigkeit

48 Guy Debord, *La Société du spectacle,* Paris 1996; dt.: *Die Gesellschaft des Spektakels und andere Texte,* Berlin 1996.

49 Erving Goffman, *Gender Advertisement,* New York 1976; dt.: *Geschlecht und Werbung,* Frankfurt/M. 1981.

beflügeln gleichermaßen die Fantasie; Festigkeit und Solidität hemmen sie dagegen. Der Konsument beteiligt sich am Prozess der Markenbildung, und dabei zählt nun einmal eher die Vergoldung als die Plattform.

Als jemand, der eher dem Skoda zuneigt, fiel es mir schwer, solche Vorstellungen ernst zu nehmen, bis ich einmal bei einer Werbeagentur in New York an einer Produktkonferenz über einen Wodka teilnahm. Das elementare Merkmal von Wodka ist die Tatsache, dass er keinen Geschmack und fast keinen Geruch besitzt. Mehrere Wochen lang konnte ich beobachten, wie das »Creative Team« sich den Kopf darüber zerbrach, wie man eine neue Marke dieses namenlosen Alkohols verkaufen konnte. Die Lösung, auf die sie schließlich verfielen, bestand in Fotografien männlicher und weiblicher Bauchpartien, die sehr sexy abgebildet und mit dem Namen des Produkts verknüpft wurden, allerdings ohne einen weiteren Hinweis auf die Art des Produkts. Die gesamte Assoziationsarbeit überließ man den Konsumenten. Die Genialität dieser Werbekampagne lag in der Tatsache, dass Monat für Monat andere Fotos mit nackten Bauchpartien erschienen, damit sich bei den Betrachtern ein »zusammengesetzter Assoziationseffekt« einstellte, wie einer der Beteiligten es ausdrückte. (Von den Mitgliedern des Teams tranken übrigens nur wenige harte Alkoholika.)

Obwohl Werbung, die zu fantasievoller Teilnahme anregt, kaum auf die moderne Zeit beschränkt ist, besitzt sie heute doch besonderes Gewicht. So findet Marx' Ausspruch, wonach »alles Ständische und Stetige verdampft«, auf den ersten Seiten des *Kapital* sein Gegengewicht in einer gänzlich andersartigen Analyse des Warenfetischismus. Marx meinte, ganz profane Dinge würden auf magische Weise mit menschlichen Bedeutungen aufgeladen und gleichsam in einem persönlichen Museum gespeichert, in dem der Konsument seiner Sammlung immer weitere Stücke hinzufüge. Er horte diese Schätze mit dem Ziel ihrer Akkumulation. Der Konsument denke gar nicht daran, diese Fetische aufzugeben, in die er so viel von sich selbst investiert habe. Bei der von Debord und Goffman beschriebenen Form von Konsum wird die Aufgabe eines Objekts dagegen nicht als Verlust empfunden. Vielmehr passt sie zur Suche nach neuen Reizen. Und die Objekte lassen sich schon deshalb besonders leicht aufgeben, weil es sich im Wesentlichen um standardisierte Waren handelt.

Damit kommt es zu der sich selbst verzehrenden Leidenschaft. Sollten wir uns über solch eine Einladung zur Fantasie lustig machen? Der strenge Utilitarist täte dies wohl, weil er lieber in einer Skoda-funktionalen Welt lebt. Dem handwerklich orientierten Verbraucher mag es gleichgültig sein, solange die Waren wirklich gut sind. Doch Freiheit von Besitzstreben ist auch eine Form von Freiheit. Wäre es nicht besser für die Bürger, wenn sie ihre Wahlentscheidung mit Blick auf Dinge träfen, die sein könnten, also mit Blick auf eine gemeinsame Fantasie, statt ihre speziellen Interessen zu verteidigen und ihren Besitzstand zu wahren?

Ein zweites Zeichen der Konsumleidenschaft liegt in der Potenz. Potenz ist etwas, das wir kaufen können. Dabei denke ich eher an Maschinen als an Sexpillen. In der Elektronikindustrie gilt es als Gemeinplatz, dass gewöhnliche Verbraucher Geräte kaufen, deren Fähigkeiten sie niemals voll nutzen werden: Computer mit Festplattenspeichern, auf denen sich Hunderte von Büchern speichern ließen, obwohl die meisten Nutzer allenfalls ein paar hundert Seiten Briefe abspeichern, und auf denen Software installiert ist, die sie niemals öffnen. Das Verhalten dieser Leute gleicht dem von Käufern superschneller Sportwagen, die sowieso die meiste Zeit im Stau stehen, oder den Besitzern jener Geländefahrzeuge, die eigentlich für Wüstenfahrten ausgerüstet sind, aber meist dazu dienen, die Kinder zur Schule zu bringen. In all diesen Fällen handelt es sich um Potenz-Konsumenten.

Seit es Kapitalmärkte gibt, lassen sich Investoren von einem irrationalen Glauben an die Macht der Objekte leiten, wie bei der Großen Tulpenmanie englischer Investoren im 17. Jahrhundert, als der Handel mit den unscheinbaren, nutzlosen Knollen britische Bankiers irgendwie reich zu machen versprach – ein Vorläufer des Dotcom-Investitionswahns der 1990er Jahre. Die Anziehungskraft solcher Formen von Konsum liegt in der Erwartung, das Kapital werde sich vermehren, wenn der Investor Möglichkeiten nutzt, die andere nicht sehen – oder auch durch reine Magie. Der Kauf einer potenten Maschine hat noch einen anderen Reiz, wie ihn ein kleiner, schöner, gegenwärtig auf dem Markt befindlicher Gegenstand verkörpert.

Ich meine den iPod, der in der Lage ist, 10000 Songs von jeweils drei Minuten Länge zu speichern und abzuspielen. Wer aber findet die Zeit, 10000 Songs auszuwählen und herunterzuladen? Nach welchen Prinzipien könnte man sich der 500 Stunden Musik bedienen, die in dem kleinen weißen Kästchen enthalten sind? Kann man 10000 Songs behalten, um dann zu entscheiden, welchen man gerade hören möchte? (Diese Gedächtnisleistung entspräche im Bereich der klassischen Musik der Fähigkeit, sämtliche Kompositionen von Johann Sebastian Bach auswendig zu kennen.)

In der Renaissance lernten manche Gelehrte eine Unmenge von Tatsachen zu memorieren, indem sie sich vorstellten, sie wären in einem Theater. Sie fassten die Tatsachen zu Kategorien zusammen, denen sie eine Bühnenfigur zuordneten. So stand dann zum Beispiel Apoll für die Astronomie und Neptun für die Schifffahrt. Dann erfand der geistige Zuschauer eine Geschichte, die sich um Apoll und Neptun rankte, um so die verschiedenen Tatsachen aus den beiden Bereichen miteinander zu verknüpfen.[50]

---

50 Frances Yates, *Theater of the World*, Chicago 1969.

In den iPod mit seinen *random-access*-Prozeduren ist solch ein Gedächtnistheater nicht eingebaut. Die kleine, dem Gerät beigefügte Gebrauchsanleitung gesteht dies ein. Das Gerät sei »inhaltsneutral«, heißt es dort. Die Anleitung empfiehlt dem Benutzer, diverse Internetseiten mit Protokollen zum Herunterladen von Musik zu besuchen, doch auch diese Besuche enthüllen eine ähnliche »Inhaltsneutralität«. So bietet eine Seite 3000 »Golden Oldies«, die in alphabetischer Reihenfolge aufgeführt sind. Doch auch hier ergibt sich das Problem, wie man 9000 Minuten Musik im Gedächtnis behalten soll. Michael Bull, Autor einer Studie über die Nutzung des Walkman, des primitiven Vorfahren unseres iPod, hat herausgefunden, dass die Benutzer immer dieselben zwanzig oder dreißig Songs hören, und das kann kaum überraschen, da diese Zahl etwa dem aktiven musikalischen Gedächtnis der meisten Menschen entspricht.[51]

Dennoch beruht der phänomenale kommerzielle Reiz des iPod gerade auf der Tatsache, dass er mehr bietet, als man jemals nutzen kann. Und ein Teil dieses Reizes liegt in der Verknüpfung materieller Potenz mit dem eigenen Fähigkeitspotenzial. Talentsucher interessieren sich, wie wir gesehen haben, weniger für Ihr aktuelles Wissen als für Ihre Lernfähigkeit. Und Personalleiter interessieren sich weniger für Ihre aktuelle Tätigkeit als für Ihr Tätigkeitspotenzial. In ganz ähnlicher Weise verspricht der Kauf des kleinen iPod eine Erweiterung Ihrer Möglichkeiten. Alle Geräte dieser Art verkaufen sich über die Identifikation des Käufers mit der überdimensionierten Leistungsfähigkeit des Apparats. Das Gerät wird zu einer gigantischen Prothese. Wenn der iPod potent ist, der Nutzer aber nicht damit umzugehen vermag, liegt der Reiz des Geräts gerade in dieser überragenden Potenz. Oder wie der Verkäufer,

---

51 Michael Bull, *Sounding Out the City. Personal Stereos and the Managementof Everyday Life,* Oxford 2000.

der mir den iPod vorführte, ohne jede Ironie sagte: »Nur der Himmel ist die Grenze.« Ich kaufte das Gerät.

Abstrakt gesagt: Wünsche werden mobilisiert, wenn die Potenz sich von der Praxis trennt. Einfach gesagt: Wir beschränken unsere Wünsche nicht auf das, was wir können. In gewisser Weise versinnbildlicht Wal-Mart diese Trennung, denn dort sind unter einem Dach weit mehr Dinge versammelt, als ein Mensch allein jemals kaufen könnte. Die schiere Masse der Objekte weckt unsere Wünsche. Hier zeigt sich ein Unterschied zwischen Wal-Mart und den ersten Kaufhäusern, die Ende des 19. Jahrhunderts in Paris eröffnet wurden. In diesen Tempeln des Kommerzes fasste man unterschiedliche Waren in jeweils ein oder zwei Exemplaren zu einem Arrangement zusammen, das eine Verfremdung des Gewohnten bewirken sollte. So stellte man etwa eine Kasserolle zusammen mit einem Flakon teuren Parfüms auf einen Perserteppich. Bei Wal-Mart setzt man dagegen auf den Reiz der schieren Zahl und Überfülle an Objekten.

Insgesamt nimmt die Konsumleidenschaft zwei Formen an: die Beeinflussung durch Bilder und den Reiz der Potenz. Der Konsument, der sich auf das Spiel der Werbebilder einlässt, kann seinen Sinn für Proportionen verlieren und etwa bei der Wertschätzung eines Objekts die Vergoldung mit dem Gegenstand verwechseln. Und auch die Betonung der Potenz birgt Risiken – für die Unternehmen wie für die Käufer. Im Zeitalter der amerikanischen Trusts und Monopole versuchten Magnaten wie Carnegie oder Rockefeller, sich der ungeregelten Dynamik der Märkte zu entziehen. Kleinere Lieferanten und Händler, die sich ihrem Willen unterwerfen mussten, waren ihnen lieber als Konkurrenten, die davon träumten, selbst einmal zu Rockefellers zu werden. Eine ähnliche Absicht verfolgte Bismarck mit seinem Entschluss, solide Bürokratien aufzubauen. Denn wenn Arbeiter oder Soldaten allerlei ungenutzte und unbestimmte Möglichkeiten in sich fühlten, mochten sie vielleicht nicht länger gehorchen.

In den fortschrittlichen Organisationen kann die Ideologie der Potenz das Management auf den Gedanken bringen, das Unternehmen besitze ein weit größeres Potenzial, als gegenwärtig realisiert werde. Auf der Jagd nach diesem Potenzial zentralisiert man das Unternehmen, dann verlieren Beschäftigte ihren Arbeitsplatz oder wissen nicht mehr, wie sie im Unternehmen überleben können. Durch dieses Ethos der Potenz kann auch das Unternehmen selbst verwundbar werden, etwa wenn Investoren plötzlich unbestimmbare Wachstumspotenziale zu erkennen glauben. Die Geschichte der Unternehmenszusammenschlüsse und Übernahmen ist voll von Firmen wie der Sunbeam Corporation, die mit der Produktion prosaischer Haushaltsgeräte ordentliche Gewinne machte, bis eine kleine Gruppe reicher Investoren auf die Idee kam, das Unternehmen könne durch einen entsprechenden Umbau eine weitaus »wichtigere« Rolle spielen. Dieser Sirenengesang brachte das Unternehmen an den Rand des Untergangs. In solchen Fällen handeln Unternehmen fast wie Konsumenten, die der Konsumleidenschaft erliegen und Dinge wegwerfen, die durchaus noch brauchbar wären.

Die Maschinen, die ich beschrieben habe – iPods, Geländewagen, Computer mit einer Überfülle an Software –, regen dennoch die Fantasie an. Und ich behaupte, dasselbe tut auch ein Megastore wie Wal-Mart. Der Puritaner wiegt bedenklich den Kopf, doch wir wollen uns vergnügen. Was ich beschrieben habe, sind Vergnügungen, die der Konsument mit den Dingen verbindet. Es ist ein Genuss, den er in sie hineinlegt und denen der nüchterne Utilitarist durchaus zu Recht mit Misstrauen begegnet. Doch in einem anderen Sinne könnte man die Erklärung, nur der Himmel sei die Grenze, auch mit politischen Erwägungen rechtfertigen. Vielleicht hat es etwas Befreiendes für die Menschen, wenn sie von Dingen träumen, die jenseits der Routine und der Einschränkungen des alltäglichen Lebens liegen. Und vielleicht hat auch das Gefühl etwas Befreiendes für sie, die noch durchaus brauchbaren Dinge und Vorgehensweisen seien verbraucht und ausgeschöpft. Ist es denn etwa keine Befreiung, wenn wir im Geiste über Dinge hinausgehen, die wir unmittelbar kennen, benutzen oder benötigen? Konsumleidenschaft ist vielleicht nur eine andere Bezeichnung für »Freiheit«.

Zumindest ist das die These, der ich nun nachgehen möchte.

Der Bürger als Konsument

Über diesen Zusammenhang begann ich nachzudenken, als ich zwei hochmoderne Forschungslabors besuchte, Xerox Park in Silicon Valley und das Media Lab am MIT. In beiden Instituten geht man von dem Gedanken aus, dass puritanische Nützlichkeitserwägungen den Innovationsgeist hemmen; beide spielen mit unbestimmten wissenschaftlichen Möglichkeiten, statt sich auf mechanistische Forschungsmodelle zu fixieren; und beide sind rein zufällig zu äußerst folgenreichen praktischen Ergebnissen gelangt. Xerox Park stieß auf das Bildschirm-Icon als Gestaltungsmöglichkeit von Benutzeroberflächen, das Media Lab entwickelte eine Vielzahl von Computerprogrammen. Ich verstehe zwar nicht viel von der wissenschaftlichen Arbeit, die dort geleistet wird, doch an beiden Institutionen fiel mir auf, wie demokratisch es dort zugeht.

Dieser Eindruck verstärkte sich noch durch die Ansichten, die Hannah Arendt in ihren Schriften über den demokratischen Prozess vorgetragen hat.[52] In ihren Augen ist der Berufspolitiker, der Techniker der Macht, ein Feind des Bürgers. In einem wahrhaft demokratischen Forum sollte jeder

52 Vgl. die in Hannah Arendts Buch *Vita Activa oder Vom täglichen Leben* (München 2002) wiederholt auftauchenden Passagen über die griechische Agora als einen modernen Ort der Demokratie.

Bürger das Recht haben, laut nachzudenken und mit anderen zu debattieren, ganz gleich, ob er ein Experte ist oder nicht. Auch sollte man den Maßstab der Nützlichkeit und der Praktikabilität nicht überall anlegen, denn dieser Maßstab konzentriert sich allein auf das, was ist, statt auf das, was sein sollte. Hannah Arendt möchte der politischen Fantasie freien Raum geben, ähnlich dem experimentierfreudigen Geist im Media Lab.

Außerdem beschreibt Arendt eine eigene Version der Konsumleidenschaft. Bürger machen Gesetze, leben mit ihnen, brauchen sie auf und schaffen dann etwas Neues, obwohl das Alte in einem mechanischen Sinne durchaus noch brauchbar wäre. In diesem Punkt sind ihre Gedanken sehr präzise. Sie wendet sich gegen die Juristen, die auf Präzedenzfälle pochen, bestreitet den dämpfenden Charakter des Fallrechts und spricht sich für eine Form von Gewohnheitsrecht aus, die der Innovation mehr Raum lässt. In Hannah Arendts späten Schriften über den kollektiven Willen findet sich eine Dramatisierung des Möglichen. Wie Schopenhauer glaubt auch sie, dass der Wille Quellen zu erschließen vermag, die jenseits der Darstellung und Übertragung von Dingen im Alltagsleben liegen.[53]

Diese Ansichten erinnern an Jeffersons demokratisches Ideal, wonach die Bürger alle zwei Generationen gegen das lähmende Gewicht der Vergangenheit rebellieren, und sie nehmen Vorstellungen des Sozialphilosophen Ulrich Beck vorweg, in dessen »Risikogesellschaft« die Menschen bereit sind, Veränderungen anzugehen, obwohl sie nicht wissen, wohin sie führen.[54]

In der Praxis kann ein Politiker, der die harten Fakten außer Acht lässt, natürlich auch einfach ein Opportunist sein. Doch Zyniker werden oft von der Realität überholt. Das beweist die

---

53 Hannah Arendt, *Willing*, New York 1978; dt.: *Das Wollen*, München 1989.

54 Ulrich Beck, *Risikogesellschaft*, Frankfurt/M. 2003.

schwarze Bürgerrechtsbewegung in Amerika. In einer entscheidenden Phase des Protests und auf dem Höhepunkt der Suche nach Gerechtigkeit verlieh ihr Martin Luther King mit seiner Rede »I have a Dream« einen gewaltigen Anstoß. Während die »Realisten« in Presse und Regierung sich darüber lustig machten, brachte er eine Masse von Zuhörern zum Handeln. In seiner Sprache setzte er auf die Rhetorik des persönlichen Potenzials sowie die Kapitulation der vergangenen, zur Gewohnheit gewordenen Rassentrennung. King war ein perfekter Arendtianer. Das Streben nach Gerechtigkeit war für ihn mehr als eine bloße Korrektur politischer Fehlentwicklungen. In seinen Augen war es erforderlich, eine neue Seite der Geschichte aufzuschlagen.

Von einer Kultur wie der unsrigen, die so wenig Bedauern über den Verlust von Besitz kennt und so vertraut mit dem Wandel ist, könnte man erwarten, dass sie zum Blick nach vorn ermutigt. In diesem Best-Case-Szenario sollte die Dauer des Besitzes sich verkürzen wie in dem Laborprozess. Als ich im letzten Jahrzehnt Manager von fortschrittlichen Unternehmen befragte, war ich zuweilen tatsächlich fast davon überzeugt, die neuen ökonomischen Bedingungen könnten eine progressive Politik hervorbringen. Es handelte sich um jüngere Unternehmer, die im Technologiebereich ein Vermögen gemacht hatten und nun bereit waren, einiges davon in die Zivilgesellschaft fließen zu lassen, vor allem in Umweltprojekte und Fortbildungsprogramme. Sie sahen in dem für die Arbeitswelt geltenden neuen Ideal der Selbstständigkeit ein Vorbild für den selbstbewussten Bürger: aktiv statt ergeben, ganz so, wie es im sozialen Kapitalismus erwartet wurde.

Doch inzwischen denke ich, dass ihr Traum keine Grundlage hat. Zur Begründung meiner These, wonach die neuen Institutionen keine progressive Politik hervorbringen werden, möchte ich die Aufmerksamkeit auf einen Aspekt lenken, den Konsum und Politik gemeinsam haben: das Theater.

Der Konsum hat einen theatralischen Aspekt, weil der Verkäufer wie der Autor eines Theaterstücks den »bereitwilligen Ausschluss von Ungläubigkeit« bewirken muss, damit der Konsument kauft. Selbst der prosaische Wal-Mart ist solch ein Theater, in dem die schiere Masse der angebotenen Waren das Verständnis der Zuschauer oder Konsumenten für die Dinge verändert. Heute besitzt die Konsumleidenschaft dramatische Kraft. Für den Zuschauer-Konsumenten ist der Gebrauch des Besitzes weniger erregend als der Wunsch, Dinge zu erwerben, die er noch nicht hat. Die Dramatisierung des Potenzials veranlasst den Zuschauer-Konsumenten, Dinge haben zu wollen, die er gar nicht voll nutzen kann.

Die Politik ist ebenso theatralisch, und vor allem progressive Politik erfordert eine bestimmte Rhetorik. Sie entwickelt bei den Bürgern einen bereitwilligen Ausschluss der Ungläubigkeit im Hinblick auf die eigene Vergangenheit und die akkumulierte Erfahrung. Ich habe mich bemüht, den Akzent auf die positiven Aspekte zu setzen. Doch wie die Vermarktung von Konsumgütern, so kann auch die Vermarktung von Politik eine eher negative Wendung nehmen. Was der Hoffnung auf einen fortschrittlichen Wandel fehlt, ist ein Verständnis der zutiefst *passivierenden* Rolle, die der Illusion in der modernen Gesellschaft zukommt. Damit meine ich das Paradox, dass Menschen sich aktiv in ihre eigene Passivität hineinbegeben können.

Ich werde fünf Wege aufzeigen, die beim Konsumenten-Zuschauer-Bürger eine Abkehr von der progressiven Politik und eine Hinwendung zur Passivität bewirken. Die Liste ist kaum erschöpfend, doch jedes Element ergibt sich unmittelbar aus der oben beschriebenen Kultur des neuen Kapitalismus. Zur Orientierung des Lesers hier zunächst eine kurze Auflistung: Dem Konsumenten-Zuschauer-Bürger bietet man (1.) politische Plattformen an, die den Produktplattformen ähneln, wie (2.) Unterschiede nach Art der »Vergoldung«. Man fordert ihn (3.) auf, dem (laut Kant) »krummen Holz« des Menschseins keinen so großen Wert beizulegen, (4.) eine benutzerfreundlichere Politik zu honorieren und (5.) ständig neue politische »Produkte« anzunehmen.

Die politische Plattform: Die VW-Plattform ist ein gemeinsames Chassis, dem man kleine, in ihrem Wert übertrieben dargestellte Unterschiede hinzufügt, um ein Markenbild zu erzeugen. Die moderne Politik besitzt eine ähnliche Form, die gemeinhin als Konsenspolitik bezeichnet wird. In Großbritannien etwa teilen New Labor und moderne Torys eine weitgehend identische Plattform: unternehmerfreundlich, für soziale Integration und mit einer ambivalenten Einstellung zur Einwanderung. In den Vereinigten Staaten betrieb man eine derartige Plattformpolitik während des größten Teils der zweiten Hälfte des 20. Jahrhunderts. Republikaner und Demokraten klangen ganz verschieden, handelten aber sehr ähnlich, wenn sie an der Macht waren. Der angeblich stramm rechtsgerichtete Präsident Ronald Reagan baute die Bürokratie der Bundesregierung aus, ließ Defizite keynsianischen Ausmaßes auflaufen und betrieb eine erfolgreiche Entspannungspolitik mit der Sowjetunion, während Präsident Clinton die Unternehmen hätschelte, sich einer Erhöhung des Mindestlohns widersetzte und entschlossen zahlreiche kleine Kriege führte. Die einzig praktizierenden Arendtianer waren jahrzehntelang die Gerichte mit ihrer Rechtsprechung in Sachen Rassentrennung, Abtreibung, Verbrechen, Mietrecht und Produzentenhaftung. Ihrem verändernden Einfluss versucht heute das Bush-Regime entgegenzusteuern.[55]

Der Begriff der Konsenspolitik vermag für sich allein jedoch nicht zu erklären, welche Kräfte die Politik in eine gemeinsame Richtung drängen. Politikwissenschaftler bezeichnen die Vereinigten Staaten und Großbritannien heute als »neoliberale« Re-

55 Richard Sennett, »The Common Good«, in: *The Guardian*, 20. 03. 2001.

gime, um damit anzuzeigen, dass in beiden Ländern eine zur Mitte tendierende politische Plattform eine wirtschaftliche Entwicklung ermöglichte, die günstige Bedingungen für Globalisierung, Flexibilität und Meritokratie schaffte. Diese Kräfte sind keineswegs auf den angloamerikanischen Raum beschränkt. Sie stellen einen logischen Schritt dar, den auch andere Gesellschaften machen, wenn sie die Grenzen des sozialen Kapitalismus überschreiten.

Die wichtigste Gemeinsamkeit dieser Plattform liegt in der Rolle des Staates. Der Staat wird keineswegs schwächer, sondern behält eine starke lenkende Funktion. Das Zentrum kontrolliert die Mittelvergabe an nachgeordnete Institutionen und prüft deren Leistung; es führt jedoch nicht im Weberschen Sinne. Macht und Autorität werden voneinander getrennt. Wie in der Wirtschaft, so zentralisieren auch staatliche Bürokratien die Macht zunehmend und weigern sich, den Bürgern gegenüber die Verantwortung zu übernehmen. Die im ersten Kapitel für den Bereich der Wirtschaft analysierte Trennung von Macht und Autorität ist alles andere als politisch progressiv.

Mit »progressiv« meine ich eine Politik, die insofern gute Politik ist, als sie den Bürgern das Gefühl vermittelt, an einem gemeinsamen Projekt beteiligt zu sein. Der soziale Kapitalismus verfolgte solch ein gemeinsames Projekt, und zwar über zivile Institutionen, die auf einem militärischen Modell beruhten. Der Nachteil des sozialen Kapitalismus war das »stahlharte Gehäuse«. Die neue institutionelle Ordnung scheut Verantwortung und bezeichnet ihre Gleichgültigkeit als »Freiheit« für die an der Peripherie stehenden Individuen und Gruppen. Der Nachteil der aus dem neuen Kapitalismus abgeleiteten Politik ist die Gleichgültigkeit.

Vergoldung: Wenn der Staat sich diese neue Plattform aneignet, müssen die politischen Parteien in ihrer Rhetorik natürlich die Unterschiede betonen. Wenn wir uns auf die Plattform als alleinige Realität bezögen, verfehlten wir die eigentliche Erfahrung politischen Lebens, die darin besteht, dass gerade die Unterschiede Wähler und Medien erregen. Die Vergoldung erklärt, wie es zu dieser Erregung kommt.

Die einfachste Form der politischen Vergoldung arbeitet mit einer Überbetonung von Symbolen. In Großbritannien unterscheiden die Parteien sich leidenschaftlich durch ihre Haltung zu der Frage, ob die Fuchsjagd mit Hunden weiterhin erlaubt sein soll. Nahezu 700 Stunden verbrachte das Parlament in letzter Zeit mit der Erörterung dieser Frage, während man über die Einrichtung eines Obersten Gerichtshofs für das Vereinigte Königreich lediglich 18 Stunden debattierte. Die Überbetonung trivialer Symbole ist keineswegs neu. Neu ist nur die Übereinstimmung zwischen der Werbung für Produkte und dem politischen Verhalten. Die Vermarktung politischer Persönlichkeiten gleicht deshalb immer stärker der Vermarktung von Seife, weil man in beiden Fällen durch das Vergolden kleiner Unterschiede die Aufmerksamkeit des Publikums zu wecken hofft.

Diese Übereinstimmung zwischen Konsum und politischem Verhalten ist uns inzwischen so vertraut, dass wir die Folgen gar nicht mehr wahrnehmen: Das obsessive Interesse der Presse und der Öffentlichkeit an individuellen Charakterzügen von Politikern verdeckt die Realität der Konsensplattform. Im modernen Polittheater vermeidet man bei der Vermarktung der »Persönlichkeit« die Darstellung der persönlichen Geschichte und der Tätigkeit innerhalb des politischen Amtes, weil das zu langweilig wäre. Stattdessen stehen die Politiker für Absichten, Wünsche, Werte, Überzeugungen, Geschmacksvorstellungen – und auch das führt zur Trennung von Macht und Autorität.

Die wohl folgenschwerste Form der Vergoldung in der modernen Politik besteht in der Praxis, Tatsachen in einen anderen Kontext zu stellen. Die oben am Beispiel von VW beschriebene Werbung für hochwertige Autos macht aus einem Plattformprodukt ein Markenerzeugnis. In der Politik kann man zum Beispiel die Einwanderung in einen anderen Kontext stellen und dann in ganz ähnlicher Weise vermarkten. In Deutschland und Großbritannien sind die meisten Immigranten arbeitende, Steuern zahlende Mitbürger, die Putzarbeiten in Krankenhäusern verrichten oder die Straße fegen, also Tätigkeiten übernehmen, die von den »Einheimischen« gemieden werden. Um politisches Kapital aus der Anwesenheit dieser unverzichtbaren Außenseiter zu schlagen, gibt man ihnen gleichsam eine neue Verpackung und ordnet sie derselben kulturellen Kategorie zu wie die unproduktiven Asylsuchenden. In den Vereinigten Staaten lässt sich derselbe Effekt auf andere Weise erzielen. Wanderarbeiter vor allem aus Mexiko werden stillschweigend geduldet, weil sie für die amerikanische Landwirtschaft und den Dienstleistungssektor unverzichtbar sind. Zu einer politisch verwertbaren Marke macht man sie hier, indem man sie in eine andere kulturelle Verpackung steckt, wie es der Politguru Samuel Huntington in seinem einflussreichen jüngsten Buch *Who Are We?* getan hat.[56] Dort heißt es, die Mexikaner seien in ihrer Loyalität geteilt zwischen Amerika und ihrem Herkunftsland. Sie fügten sich nicht der protestantisch-amerikanischen Kultur und wirkten gleichsam als hinterhältige Kolonisatoren von unten. Wie den Füchsen in Großbritannien, so weist man hier den mexikanischen Amerikanern eine Bedeutung zu, die weit über ihre tatsächliche Betätigung als Erntehelfer und Straßenkehrer hinausgeht.

In Europa und Nordamerika empfindet man den Fremden seit Jahrhunderten als Bedrohung. Wie in der Vergangenheit, so wird der Fremde oder Ausländer auch heute zu einer symbolischen Projektionsfläche für zahlreiche Ängste. Der Unterschied liegt in der Art der projizierten Ängste. Heute prägen

56 Samuel Huntington, *Who Are We? The Challenges to America's National Identity*, New York 2004; dt.: *Who Are We? Die Krise der amerikanischen Identität*, Hamburg 2004.

die Erfahrungen der kurzfristig orientierten, instabilen Bürokratie das Bild des Immigranten, neben alten Vorurteilen oder Bemühungen um politischen Stimmenfang. In der Arbeitswelt bündeln sich im Bild des Ausländers Befürchtungen, den Arbeitsplatz zu verlieren oder nicht mehr gebraucht zu werden. Wie wir gesehen haben, sind solche Ängste durchaus berechtigt, wenn der Ausländer tatsächlich im Ausland lebt und zum Beispiel in einem indischen Callcenter oder einem indischen Software-Unternehmen arbeitet. Sie sind jedoch unsinnig, wenn sie auf den Immigranten projiziert werden, der bei uns die Straßen fegt. Wirklich Sinn haben solche Vorstellungen nur als imaginierte Projektionsflächen: Die Angst vor dem eigenen Kontrollverlust findet hier ein greifbares Ziel. Wenn man in einer solchen perversen Fantasie gefangen ist, übersieht man leicht, dass die Verfolgung dieser ganz in der Nähe lebenden, schwachen Außenseiter kaum geeignet ist, die Sicherheit des eigenen Arbeitsplatzes zu erhöhen.

Plattform und Marke im Sinne von Brandmarkung gehen in der Politik eine Verbindung ein, die alles andere als einen progressiven Wunsch nach Veränderung darstellt. Sie erzeugen ein Klima, das dem von Freud so genannten »Narzissmus der kleinen Unterschiede« ähnelt. Wie die Markenbildung in der Werbung, so kann auch in der Politik die Brandmarkung zum Verlust eines realistischen Urteils führen, wie es der Skoda-Befürworter treffen würde, und dem Vorurteil eine Tür spezifisch moderner Prägung öffnen.

Den dritten Grund, weshalb die neue Ordnung politisch nicht progressiv ist, bildet die Überzeugung des Konsumenten, wonach das Erreichte niemals genug ist. Im Wirtschaftsleben zeigt sich diese Überzeugung etwa, wenn ein profitables Unternehmen umgebaut wird, damit es noch weiter wächst. Nur profitabel zu sein, genügt nicht. Eine abgemilderte Form dieser Suspendierung von Realität finden wir in der gegenwärtigen Talentsuche, die den Schwerpunkt der Tests von der tatsächlichen Leistung auf eine hypothetische Fähigkeit verschiebt. Ganz ähnlich im Konsum. Die benzinfressenden Monster-Geländewagen, die überall in den amerikanischen Suburbs herumstehen, dienen einer imaginierten Freiheit. Auch wenn man im Stau steckt, ist man doch wenigstens potenziell in der Lage, durch die Wüste oder durch arktische Landschaften zu fahren.

Unzufriedenheit mit der bestehenden Realität sollte eigentlich progressiv sein. Doch die Lektionen, die unsere Politiker von den fortschrittlichen Institutionen lernen, sind eher negativer Art. Der Grund dafür ist die Tatsache, dass man der Alltagserfahrung, also den vielen kleinen Verlusten und Gewinnen, aus denen das Alltagsleben besteht, zu wenig Bedeutung beimisst. So versuchte eine liberale amerikanische Regierung in den 1990er Jahren, das Gesundheitswesen nach dem Vorbild der fortschrittlichsten Institutionen zu »reformieren«. Dabei interpretierte man das Verhältnis zum Arzt nicht mehr als langfristige Beziehung, sondern als bloße Abfolge von Transaktionen. Die Reform übersah die umfangreiche Alltagserfahrung der Patienten und Ärzte beim Ausfüllen von Formularen. Nach ihrer Einschätzung konnte eine gut organisierte Suche im Internet zeitraubende Diagnose- und Behandlungsgespräche ersetzen. In ihrer Ungeduld übergingen die Reformer die chaotische Realität des Krankseins und behandelten die Kranken stattdessen wie Unternehmer.

Die Ungeduld mit dem »krummen Holz« des Menschseins hat natürlich eine lange Tradition – so lang, dass die Politiker eigentlich daraus hätten lernen müssen. Denn Politik muss von unten her wachsen. Doch das neue institutionelle Denken in Politik und Wirtschaft verweigert sich dieser Erkenntnis. Edmund Burke, Kant und andere Beobachter der Französischen Revolution sahen mit Schrecken, dass die Revolutionäre die Realität des alltäglichen Lebens misstrauisch beäugten und attackierten. Sie versuchten, das krumme Holz gerade zu biegen.

Die moderne Reform vertritt keine Interessen dieser Art, aber sie ignoriert den Boden, auf dem sie wachsen soll, weil ihr das Alltagsleben nur als provisorische Erscheinung gilt.

Meine vierte Sorge betrifft den Umgang der Bürger mit der Politik. Wenn sie sich wie moderne Konsumenten verhalten, denken sie nicht mehr wie Handwerker. Diese Befürchtung ergänzt die Sorge um die Unachtsamkeit der Politiker, allerdings auf einer subtileren Ebene. Als bloßer Konsument kann sich der Bürger von politischen Problemen abwenden, wenn sie ihm zu schwierig oder zu unangenehm werden. Das ist mehr als die übliche Klage über die Medien, wonach der kompetente, aber hölzerne Politiker langweilig wirkt, während die schillernde Persönlichkeit am Bildschirm Wahlen gewinnt. Es geht hier vielmehr um die Frage, wie Aufmerksamkeit organisiert wird.

Im Labor ist der gute Handwerker keineswegs nur ein mechanischer Techniker. Er möchte wissen, warum ein Stück Holz oder ein Computerprogramm nicht in der vorgesehenen Form verwendet werden kann. Das Problem fesselt ihn, und dadurch entsteht eine objektive Bindung. Diese Idealvorstellung ist in traditionellen Handwerken wie dem Bau von Musikinstrumenten lebendig, aber auch in moderneren Einrichtungen wie einem Laboratorium. Und letztlich auch in einem gut geführten Unternehmen. Man möchte vor Problemen nicht davonlaufen und schenkt ihnen daher Beachtung. Doch im Konsum fällt es schwer, Sharon Zukins Vorschlag zu folgen und wie ein Handwerker zu denken. Man kauft etwas, weil es »benutzerfreundlich« ist, und das heißt in der Regel, dass der Benutzer nicht zu wissen braucht, wie ein Computer oder ein Auto funktioniert. Der Computerguru John Seely Brown meint genau diese Trennung zwischen Hersteller und Konsument, wenn er die These aufstellt, die kommerzielle Herausforderung für moderne elektronische Geräte liege in dem Versuch, »die Technologie aus dem Weg zu räumen«. Die neuen Geräte sollten so wenig technische Anforderungen stellen und so leicht zu bedienen sein wie ein Telefon.

Natürlich ist das im Bereich des Konsums durchaus sinnvoll. Niemand möchte den Tag damit beginnen, seinen Computer neu zu programmieren. Doch die Demokratie wird durch »Benutzerfreundlichkeit« zu einem wirren Durcheinander. Sie erwartet von den Bürgern einige Anstrengungen, um herauszufinden, wie die Welt um uns herum funktioniert. Nur wenige amerikanische Befürworter des jüngsten Krieges im Irak wollten erfahren, was dort wirklich vor sich ging (tatsächlich konnten die meisten das Land nicht einmal auf der Karte zeigen). Ebenso überraschend ist die Tatsache, dass am anderen Ende des politischen Spektrums nur wenige Befürworter der Stammzellenforschung wirklich wissen möchten, welche Argumente zum Beispiel katholische Theologen gegen diese Forschung vorbringen. Der handwerklich orientierte Bürger würde sich in beiden Fällen um das nötige Wissen bemühen. Wenn die Demokratie sich am Vorbild des Konsums und der Idee der Benutzerfreundlichkeit orientiert, wird genau diese Bereitschaft schwinden.

Ich behaupte nicht, die Menschen seien faul; vielmehr schafft die Wirtschaft ein politisches Klima, in dem es den Bürgern schwer fällt, wie Handwerker zu denken. Wer sich in einer auf flexible Arbeitsprozesse ausgerichteten Institution allzu sehr auf einzelne Dinge einlässt, läuft Gefahr, als engstirnig oder wandlungsunfähig zu gelten. Und wenn jemand bei der Prüfung von Fähigkeiten zu großes Interesse für eine einzelne Aufgabe entwickelt, besteht er den Test nicht. Hier arbeitet die Technologie selbst gegen ein vertieftes Engagement.

Wie wir gesehen haben, überfordert der iPod den Benutzer durch seine übermäßige Kapazität. Die durch moderne Technologien erzeugte Informationsflut droht deren Adressaten in Passivität versinken zu lassen. Seely Brown trifft hier eine hilfreiche Unterscheidung zwischen Information und Kommunikation. Eine Überfülle an Informationen ist kein nebensächliches Problem. Große Mengen an Rohdaten bilden eine politische Tatsache: Die wachsenden Datenmengen führen zu einer Zentralisierung der Kontrolle.[57] In der Kommunikation verringert sich dagegen die Informationsmenge durch die Interaktion der Menschen und ihre Interpretationen. Bearbeiten und Weglassen sind Verfahren, die eine Dezentralisierung der Kommunikation bewirken.

Diese These mag der Erfahrung widersprechen, doch sie wird verständlich, wenn man an bürokratische Kommunikation denkt. Wie wir im ersten Kapitel gesehen haben, wird Information innerhalb der bürokratischen Pyramide auf dem Weg von oben nach unten gefiltert, bearbeitet und an die jeweils besonderen Bedingungen angepasst. In einer nach Art des MP3-Players strukturierten Institution werden große Datenmengen in ihrer Rohform zentralisiert, geordnet und in Umlauf gebracht. Als E-Mail oder Zahlenwert erscheint die Information unverändert auf den Bildschirmen. Wenn diese Informationen zunehmen, wie wir es in der letzten Generation erlebt haben, fällt es dem Empfänger schwerer, darauf zu reagieren oder sich im Laufe der Interpretation davon zu distanzieren. Außerdem hat ein schriftlich übermittelter Text nur wenig Ähnlichkeit mit einem Gespräch. Die Sprache ist ärmer, denn die Technologie eliminiert typische Merkmale gesprochener Kommunikation wie Sprechpausen, die Zweifel oder Einwände zum Ausdruck bringen, ironische Gesten oder kurze Abschweifungen. Wenn die Technologie rigoros eingeführt wird, beeinträchtigt sie die Kunst der Kommunikation.

Ein letzter Grund, weshalb die moderne politische Ökonomie eine progressive Politik eher nicht begünstigt, betrifft das Vertrauen. Eine Fülle empirischer Erhebungen bestätigt das Klischee, wonach die Menschen heute das Vertrauen in Politik

---

57 John Seely Brown, *The Social Life of Information*, Boston 2000.

und Politiker verloren haben. Umgekehrt werfen viele Politiker der Öffentlichkeit Zynismus vor. Hinter diesem Streit steht die Frage, wie Politiker Vertrauen erwerben. Ich denke, sie können es nicht, indem sie sich wie die Manager eines hochmodernen Unternehmens verhalten.

Zur Begründung erlaube ich mir, auf meine eigenen Erfahrungen mit der britischen Labour Party zu verweisen. Als ich 1997 nach England zog, hatte die Labour Party gerade die Regierung übernommen. Fast eine ganze Generation hatte die Partei darum gekämpft, ihre sozialistische Vergangenheit hinter sich zu lassen. New Labour wollte sich an den High-Tech-Firmen oder den modernen Dienstleistungsunternehmen orientieren und von deren Erfolgen lernen. Ich kam informell mit ihr in Berührung über den Bereich des Arbeitsrechts und der Arbeitsmarktpolitik, da ich bis dahin den Vorsitz des American Council on Work innegehabt hatte, eines lockeren Zusammenschlusses von Gewerkschaftsführern, Hochschullehrern und Geschäftsleuten.

Als New Labour an die Macht gelangt war, begann man auf diversen Politikfeldern Reformen zu entwickeln. Die anfänglichen Maßnahmen im Bereich der Arbeit waren durchaus sinnvoll: Fortbildung und Beratung, Arbeitsschutz, Familie und Beruf, alles gut durchdacht. Jedes Jahr kamen neue Politikfelder hinzu, oder man änderte die bereits begonnene Reformpolitik, die auf das von der Labour Party geerbte Chaos reagieren musste. Doch mit jedem Wechsel in der Reformpolitik schwand das Vertrauen der Öffentlichkeit. Innerhalb der staatlichen Gremien erschien die ständige Erneuerung und Überarbeitung der Politik als Versuch, aus den bisherigen Bemühungen zu lernen, doch der Öffentlichkeit signalisierte der häufige Politikwechsel, dass die Regierung unfähig sei, an dem einmal gewählten Kurs festzuhalten. Bei einer Tagung über Mindestlöhne fragte ein Gewerkschaftsvertreter mich verdrossen: »Und was ist aus der Politik des letzten Jahres geworden?« Ähnlich verfuhr man im Bereich der Bildung und des Gesundheitswesens, und das Ergebnis war ebenso ernüchternd. Schon bevor der Premierminister sich gegen den Willen der Bevölkerung am Irakkrieg beteiligte, zeigten Meinungsumfragen, dass die Labour Party ein Vertrauensproblem hatte.

Da ist es schon eine Ironie, wenn der einzige Politikbereich, in dem New Labour während der ersten acht Jahre in der Regierungsverantwortung durchgängig auf das Vertrauen der Öffentlichkeit zählen konnte, ausgerechnet die vom Finanzministerium kontrollierte Wirtschaftspolitik war, die zwar weniger neue Ideen hervorbrachte, sich dafür aber durch größere Beständigkeit auszeichnete. Eine Ironie deshalb, weil die Produktion der »Reformen« sich in den Augen der politisch Verantwortlichen doch so entschieden an der Praxis in den fortschrittlichsten Wirtschaftsbereichen orientierte. Wie wir im ersten Kapitel gesehen haben, erzeugt diese Praxis Ängste – und zwar Ängste jener Art, die von der Psychoanalytikerin Margaret Mahler als »ontologische Verunsicherung« bezeichnet worden ist. Dieses Etikett ist mehr als bloßer Jargon. Es beschreibt die Angst vor dem, was geschehen wird, selbst wenn sich keine Katastrophe ereignet. Eine derartige Angst wird auch als »frei flottierend« bezeichnet, weil der Betreffende sich Sorgen macht, obwohl er in seiner Situation gar nichts zu befürchten hat.

Die Labour Party förderte diese frei flottierende Angst, obwohl ihre Politik insgesamt durchaus erfolgreich war. Wie David Walker und Polly Toynbee recht detailliert dargelegt haben, gelang es New Labour während der ersten acht Jahre in der Regierungsverantwortung, die Lage der meisten Briten zu verbessern.[58] Doch die Öffentlichkeit empfand – nach den Meinungsumfragen beurteilt – diese realen Verbesserungen nicht als

58 Polly Toynbee und David Walker, *Better or Worse? Has Labour Delivered?*, London 2005.

beruhigend. Als Ausländer, der in Großbritannien arbeitet, war ich besonders verblüfft über die Reaktion einer Gruppe junger Arbeitsloser, die ein staatliches Fortbildungsprogramm absolvierten. In den Vereinigten Staaten gibt es nichts Vergleichbares, doch diese jungen Leute stellten keinen Zusammenhang her zwischen der staatlichen Fürsorge und der Regierung, der sie diese Chance verdankten. Die meisten sagten, sie seien von der Labour Party »enttäuscht«.

Mir ist durchaus klar, dass Großbritannien unter New Labour einen Sonderfall darstellt. In den meisten Ländern wäre man überglücklich, wenn man Grund zu dieser Art von Unzufriedenheit hätte. Doch ich führe dieses Beispiel an, weil Großbritannien in der Tat für ein fortschrittliches Modell steht. Dennoch sind von den Nutznießern dieser Politik immer weniger bereit, sie als Fortschritt anzuerkennen. Die Politiker, mit denen ich zusammengearbeitet habe, nannten dieses Verhalten »undankbar«. Kritiker in den Medien führen es dagegen auf die Persönlichkeit der New-Labour-Politiker zurück, denen man nachsagt, sie hätten den Kontakt zum Volk verloren. Ich denke, wir verstehen die Probleme dieser Politiker besser, wenn wir an den Konsum denken. New Labour hat sich wie ein Konsument verhalten, der seine Politik aufgibt, als hätte sie keinen Wert mehr, sobald sie umgesetzt ist. Diese Konsumleidenschaft zerstört das Vertrauen in die Regierung. Die Öffentlichkeit kann sich nicht vorstellen, die Politiker hätten jemals an ihre Politik geglaubt, wenn sie diese Politik zuerst vertreten und dann bereitwillig aufgeben.

In der Politik wie auch im Wirtschaftsleben fügt sich eine derartige Konsummentalität in den Rahmen der neuen Institutionen. In beiden Bereichen misst man kurzfristigem Denken größere Bedeutung bei als dem *Prozess*. Langsamere und nachhaltigere Formen von Wachstum sind suspekt. In Unternehmen führt ein plötzlicher Wechsel der Politik zu ontologischer Verunsicherung und frei flottierender Angst. In der staatlichen

Politik ist es ebenso. Die Menschen übertragen ihre Verunsicherung und ihr Unbehagen angesichts des ökonomischen Wandels ganz folgerichtig auf den politischen Bereich und gelangen so zu dem Schluss, die Politiker könnten keinen Kurs halten oder es fehle ihnen am nötigen Engagement. Wenn insbesondere progressive Politiker wie Konsumenten denken und handeln, zerstören sie möglicherweise ihr eigenes Werk oder erzeugen jene säuerliche Unzufriedenheit, die selbst so bewundernswerte politische Reformen wie die in England durchgeführten trifft.

Es gibt also fünf Gründe, weshalb das neue institutionelle Modell selbst dann einer progressiven Politik nicht förderlich ist, wenn deren Führer die besten Absichten haben. In den Augen von Politikwissenschaftlern ist der folgenreichste Grund wahrscheinlich die Trennung von Macht und Autorität. Mir scheint jedoch, dass die Kultur des neuen institutionellen Lebens eine ebenso wichtige Rolle spielt. Die Konsumleidenschaft passt ebenso zu dieser Kultur wie das meritokratische Verständnis von Talent und das idealisierte Ich, das öffentlich eine langfristige Abhängigkeit von anderen vermeidet. Hier handelt es sich um kulturelle Formen, denen es zwar um persönliche Veränderungen, nicht aber um kollektiven Fortschritt geht. Die Kultur des neuen Kapitalismus ist auf einzelne Ereignisse, Transaktionen und Eingriffe ausgerichtet. Progressive Politik ist dagegen auf dauerhafte Beziehungen und akkumulierte Erfahrung angewiesen. Kurz gesagt, die nichtprogressive Tendenz der neuen Kultur besteht darin, wie sie mit Zeit umgeht.

Heißt das, wir können gar nichts tun?

Schluss
Der soziale Kapitalismus in unserer Zeit

An der Neuen Linken meiner Jugendzeit vor fünfzig Jahren war vieles verrückt, doch in einem Punkt bewies die Bewegung Weitsicht. Das »Port Huron Statement« sah voraus, dass der Staatssozialismus von innen heraus untergehen konnte. Der Sozialismus werde eines sozialen Todes sterben, erdrückt unter der Last der Bürokratie. Der Kapitalismus werde bleiben, aber damit auch das Problem.

Wie wir oben gesehen haben, kann Bürokratie für Bindungen sorgen, aber auch zur Fessel werden. Das galt schon lange für Armeen. Max Weber bemerkte, dass die Institutionen der Wirtschaft und der Zivilgesellschaft seiner Zeit die soziale Struktur der Armee nachahmten, um soziale Integration und Folgebereitschaft gegenüber Autorität zu sichern. Das Geheimnis dieses militarisierten Kapitalismus war die Zeit. Diese war so strukturiert, dass die Menschen innerhalb der Institution eine Lebensgeschichte und soziale Beziehungen aufbauen konnten. Der Preis, den der Einzelne möglicherweise dafür zu zahlen hatte, bestand in Freiheit oder Individualität. Das »stahlharte Gehäuse« war zugleich ein Gefängnis und ein Zuhause.

Der Staatssozialismus, der sich nach 1923 in der Sowjetunion herausbildete, übernahm geradezu mit Freuden das Vermächtnis des militärischen Kapitalismus. Man glaubte, der kapitalistische Feind bestehe in den Profiten und Märkten und nicht in der Bürokratie. Das Imperium war wie sein Feind auf Solidarität und Unterordnung angewiesen. Auch für den Sozialismus war nun die Bürokratie Zuhause und Gefängnis zugleich. Die Ironie lag darin, dass die Neue Linke gerade in den 1960er Jahren den militärisch-kapitalistisch-sozialistischen Riesenkraken angriff, denn in diesem Jahrzehnt triumphierte die Bürokratie, und die Fabriken im sowjetischen Imperium erreichten endlich dieselbe ökonomische Produktivität wie ihre westlichen Entsprechungen. Im Rückblick erscheinen die ersten sechzig Jahre des 20. Jahrhunderts als das Zeitalter der Militärmaschine: gewalttätig und selbstzerstörerisch auf dem Schlachtfeld, siegreich jedoch in Fabrik und Büro. Als der amerikanische Präsident Dwight D. Eisenhower vom »militärisch-industriellen Komplex« sprach, meinte er mehr als nur die Waffenproduktion.

Die Neue Linke hoffte, der Riesenkrake werde sich von innen her auflösen, weil er ein Gefängnis war. Die aktuelle Geschichte erfüllt ihr diesen Wunsch auf eine perverse, wenn auch nicht so radikale Weise, wie ich es in meiner Jugend erhofft hatte. In den letzten drei Jahrzehnten hat die Bürokratie sich in den fortgeschrittenen Bereichen der globalen Finanzunternehmen, der Technologie, der Medien und der Werbung selbst reorganisiert. Dieser weltweite Wachstumsschub mag zu manchem Nutzen geführt haben – zu einer besseren Qualität des institutionellen Lebens sicher nicht. Die neuen Institutionen sind weder kleiner noch demokratischer. Stattdessen ist es zu einer neuen Zentralisierung der Macht und einer Trennung von Macht und Autorität gekommen. Die Institutionen erzeugen nur ein geringes Maß an Loyalität, sie schwächen die Partizipation und die Vermittlung von Befehlen, sie produzieren ein geringes Maß an informellem Vertrauen, dafür aber ein hohes Maß an Angst vor der Nutzlosigkeit. Im Kern dieser sozialen Entwertung findet sich eine Verkürzung der institutionellen Zeitperspektive. Die fortschrittlichsten Bereiche stützen sich auf oberflächliche zwischenmenschliche Beziehungen. Die Verkürzung der Zeitperspektive führte zu einer Desorientierung der Menschen bei der strategischen Planung ihres Lebenslaufs und schwächte die disziplinierende Kraft der alten, auf einem Belohnungsaufschub basierenden Arbeitsethik.

Dies ist eine Liste negativer Folgen. Zu den positiven Folgen des institutionellen Wandels gehören Ich-Eigenschaften, die es dem Einzelnen ermöglichen, sich in einem flacher werdenden institutionellen Leben zurechtzufinden. Dazu gehören die Zurückweisung von Abhängigkeit, die Entwicklung des eigenen Fähigkeitspotenzials und die Bereitschaft, Besitzstände aufzugeben. Diese Eigenschaften haben nicht nur im Produktionssektor Bedeutung erlangt, sondern auch in den Institutionen des Sozialstaats, des Bildungswesens und des Konsums. Wie ich immer betont habe, bilden die fortschrittlichen Bereiche der Arbeitswelt nur einen schmalen Saum. Die meisten Menschen arbeiten weiterhin unter Bedingungen, die Max Weber sehr gut verstanden hätte. Doch die neuen Werte verbreiten sich immer mehr. Die genannten positiven Folgen der neuen Ordnung versprechen, das Projekt der Meritokratie zu vollenden und ein Vorbild für progressive Reformen zu bieten.

Das von der Neuen Linken vorgeschlagene Heilmittel gegen das Gefängnis der Größe war kulturellen Charakters. Sie meinte, emotionale zwischenmenschliche Beziehungen innerhalb kleiner Gruppen könnten eine humanere Ordnung hervorbringen: Die entsprechenden Lehren aus dem Bereich der Intimität solle man auf die Gesellschaft als Ganze übertragen. Natürlich entspricht diese Größenordnung dem gewohnten

Lebensraum eines jungen Menschen, und natürlich kann sie nicht von Dauer sein. Mit dem Erwachsenwerden erweist sich auch die eigene Subjektivität eher als rätselhaft. Und bei Bismarck oder im Militärdienst hätte die Neue Linke lernen können, dass starke soziale Bindungen auch unter sehr unpersönlichen Bedingungen zu gedeihen vermögen.

Dennoch glaube ich nicht, dass die Träumer meiner Jugendzeit ganz falsch lagen, wenn sie einen kulturellen Maßstab an das materielle Leben anlegten. Wie der Leser wohl schon gemerkt hat, war ich selbst einer dieser jugendlichen Träumer. Es heißt, der normale Weg der *éducation sentimentale* führe den Erwachsenen zu der resignierten Einsicht, dass er kaum in der Lage ist, sein Leben nach seinen Träumen zu gestalten. Die Ethnographie der Arbeitswelt hat mich von dieser Vorstellung abgebracht. Vor allem die Menschen, die ich im letzten Jahrzehnt befragt habe, sind nur allzu besorgt und beunruhigt und gar nicht resigniert im Blick auf ihr Schicksal unter den Bedingungen des »Wandels«. Sie brauchen in erster Linie einen mentalen und emotionalen Anker. Sie brauchen Werte, mit deren Hilfe sie beurteilen können, ob die Veränderungen in der Arbeit, den Privilegien und der Macht gut sind. Kurz gesagt: Sie brauchen eine Kultur.

Ich möchte dieses Buch mit der Betrachtung dreier zentraler Werte beschließen: lebensgeschichtlicher Zusammenhang, Nützlichkeit und handwerkliche Einstellung.

Lebensgeschichtlicher Zusammenhang

Fortschrittliche Institutionen mit ihrer kurzen, kaum greifbaren Zeitperspektive nehmen den Menschen das Gefühl einer lebensgeschichtlichen Entwicklung. Damit ist ganz einfach gemeint, dass zwischen den Ereignissen ein Zusammenhang besteht und sich Erfahrung ansammelt. Während des letzten

Jahrzehnts war ich beeindruckt von drei innovativen Versuchen, dieses Gefühl für lebensgeschichtliche Zusammenhänge in der Arbeitswelt herzustellen.

Den ersten Versuch bilden Bemühungen in Großbritannien und den Vereinigten Staaten, »Parallelinstitutionen« zu schaffen, die den Beschäftigten die in den kurzfristig orientierten, flexiblen Organisationen fehlende Kontinuität und Nachhaltigkeit zu bieten vermögen. Diese Bemühungen konzentrieren sich darauf, den Charakter der Gewerkschaften zu überdenken. Diese sollen als Arbeitsvermittlung oder Beschäftigungsgesellschaft fungieren, die auch die Renten- und Krankenversicherung für ihre Mitglieder übernimmt. Vor allem aber bieten sie das am Arbeitsplatz fehlende Gemeinschaftserlebnis, indem sie Kinderkrippen, Diskussionen und Veranstaltungen aller Art organisieren. Sekretärinnen in Boston und Beschäftigte aus dem Kommunikationssektor in Großbritannien haben versucht, solche Parallelinstitutionen aufzubauen.

Damit stellen sie die verknöcherten traditionellen Gewerkschaften vor die Herausforderung, neumodische Arbeitgeber zu werden. Die konservative Gewerkschaft beschränkte sich auf einzelne Industriezweige oder Berufsgruppen und war daher kaum in der Lage, mit Beschäftigten in Kontakt zu bleiben, die zwischen verschiedenen Beschäftigtengruppen wechselten. Stärker zukunftsorientierte Gewerkschaften wie die United Auto Workers in Amerika nehmen dagegen heute sogar junge Universitätslektoren auf. Traditionelle Gewerkschaften verwenden ihre ganze Kraft auf die Löhne und die materiellen Bedingungen. Die Sekretärinnengewerkschaft in Boston konzentriert sich dagegen auf die Gemeinschaftsbedürfnisse von Frauen und Alleinerziehenden. Dienst und Dienstalter waren die zentralen Momente des alten sozialen Kapitalismus, und die konservativen Gewerkschaften folgten dieser Vorgabe. Die Parallelgewerkschaften versuchen dagegen, die Erfahrung auch bei Menschen, die noch kein graues Haar haben, wieder in einen lebensgeschichtlichen Zusammenhang zu bringen, wie es etwa bei der Betätigung als Arbeitsvermittlung oder Beschäftigungsgesellschaft geschieht.

Die zweite Möglichkeit, Erfahrung in einen lebensgeschichtlichen Zusammenhang einzubringen, bietet das Jobsharing. Auf diesem Gebiet können die Holländer als Pioniere gelten. Die Niederlande leiden ebenso wie die Vereinigten Staaten unter der Auslagerung von Arbeitsplätzen und deren Abwanderung in weniger entwickelte Länder. Die Holländer reagierten darauf mit der Schaffung eines Systems, bei dem die vorhandene Arbeit in zwei oder drei Teilzeitjobs aufgeteilt wird. Das Netzwerk der Arbeitsplätze ist außerdem recht offen, so dass man mehrere Teilzeitjobs übernehmen kann, sofern der Arbeitsmarkt dies zulässt. Die Holländer, die unter den Europäern das größte Temperament zur Selbstzerfleischung haben, finden zwar manches an der Funktionsweise des Systems nicht gut, doch das Prinzip wird akzeptiert, zumal es den Arbeitgebern ein Instrument an die Hand gibt, das sich in einer fluktuierenden Wirtschaft als nützlich erwiesen hat und die gesellschaftliche Integration fördert.

Das Jobsharing bietet einen gewissen lebensgeschichtlichen Rahmen. Man ist langfristig und ohne Unterbrechung beschäftigt. So kann die für befristete Arbeitsverträge typische Angst des ständigen Wechsels nicht aufkommen: Jetzt habe ich Arbeit und anschließend bin ich wieder überflüssig. Die aus der Arbeit resultierende Selbstachtung bleibt erhalten, selbst wenn man nur einen Teil der Woche oder des Tages arbeitet. Man hat dennoch einen festen Job. Das Jobsharing hat den weiteren Vorzug, dass es den Menschen ermöglicht, familiären Verpflichtungen, vor allem der Versorgung von Kindern, sinnvoll und planbar nachkommen zu können.

Der dritte Weg zur Formung der Zeit unter den neuen Bedingungen gibt den Menschen die Möglichkeit, langfristig zu planen. Diese Politik war bis vor einem Jahrzehnt nur eine Idee in den Köpfen einiger radikaler Wissenschaftler, findet nun aber verstärkt den Weg in die reale Welt.

Die radikale, von Claus Offe und Phillippe Van Parijs vorgeschlagene Version sah vor, die sozialstaatlichen Bürokratien der nordeuropäischen Staaten durch ein einfacheres System zu ersetzen, wonach jeder Bürger, ob arm oder reich, aus Steuermitteln ein »Grundeinkommen« erhält, das er nach eigenem Gutdünken für sinnvolle oder auch unsinnige Dinge ausgeben kann. Jeder Einzelne hätte danach die Möglichkeit, Bildung, Krankenversicherungen und Altersversorgung auf dem freien Markt zu kaufen. Die Arbeitslosenunterstützung könnte entfallen, weil jeder über ein Mindesteinkommen verfügt, um seinen Lebensunterhalt zu bestreiten. Der Staat garantiert damit jedem aus Steuermitteln ein Mindestmaß an Lebensqualität, doch der Ammenstaat verschwindet. Wenn Sie Ihr Geld aus dem Fenster werfen, ist das Ihr Problem. Außerdem erhält jeder das Mindesteinkommen, ganz gleich, ob er es braucht oder nicht. Dadurch entfällt die Prüfung der Bedürftigkeit.

Als diese erfrischenden Vorstellungen ihren Weg in die reale Welt fanden, kam die Idee auf, jedem Menschen die Mittel für eine langfristige Lebensplanung in die Hand zu geben. Aus dem radikalen Vorschlag eines Grundeinkommens für alle wurde die Idee eines Grundkapitals, das jedem jungen Menschen zur Verfügung gestellt wird, damit er es für seine Ausbildung, für ein Haus oder auch für Rücklagen zur Zukunftssicherung verwenden kann. Einen wesentlichen Anstoß zu dieser Entwicklung gab der amerikanische Jurist Bruce Ackerman. Die Ergebnisse finden sich heute in der britischen Gesetzgebung, auch wenn der Topf von einer recht geizigen schottisch-presbyterianischen Hand gefüllt worden ist.

Alle drei Bemühungen reagieren auf eine harte Realität: Die Unsicherheit ist keineswegs nur eine unerwünschte Folge der unsteten Märkte. Vielmehr ist sie in das neue institutionelle Modell einprogrammiert. Das heißt, die Unsicherheit ist kein ungewolltes, sondern ein gewolltes Element der Bürokratie neuen Stils. Diese und andere Bemühungen ähnlicher Art sollen ein Gegengewicht zu diesem Programm bilden, ohne zu der rigiden Zeitordnung der alten Organisationsformen des sozialen Kapitalismus zurückzukehren.

Die Politik dreht sich um eine kulturelle Achse, welche die Lebensgeschichte selbst betrifft. Gute Geschichten sind in der Literatur längst aus der Mode gekommen, und im gewöhnlichen Leben kommen sie noch seltener vor. Denn Lebensgeschichten verlaufen selten geradlinig. In der Ethnographie fragen wir uns nicht so sehr, wie kohärent die Geschichten sind, die uns die Menschen erzählen, sondern welche Anstrengungen sie unternehmen, um ihren Geschichten Kohärenz zu verleihen. Und das ist kein einmaliger Vorgang. Oft erzählen uns Menschen eine Geschichte noch einmal und stellen ein Ereignis versuchsweise in einen anderen Zusammenhang. Gelegentlich zerlegen sie eine scheinbar logische Geschichte dann in zusammenhanglose Teile, um herauszufinden, was sich darunter befindet. Der technische Ausdruck dafür lautet »erzählerische Freiheit«. Der Erzähler formt und interpretiert aktiv seine Erfahrung.

In den neuen Institutionen haben die Menschen oft das Gefühl, keine erzählerische Freiheit dieser Art zu besitzen. Sie haben nicht die Macht, zu interpretieren, was mit ihnen geschieht. Einen der konkreten Gründe dafür haben wir bereits gesehen. Wenn die bürokratischen Zwischenebenen in den neuen Institutionen abgeschafft werden, kann die Information relativ unverändert vom Zentrum an die Peripherie gelangen. Menschen, die in solchen Zusammenhängen arbeiten, klagen dann oft, sie hätten in der Institution keine »Stimme«, wie Albert Hirschman es ausgedrückt hat.

Hier haben wir also drei Experimente, die den Menschen kulturell mehr Freiheit bei der Interpretation ihrer langfristigen Zeiterfahrung geben. Als politische Bestrebungen sind die

Experimente nur von geringem Umfang, doch als kulturelle Praxis können sie wichtige Anregungen bieten.

Nützlichkeit

Man fühlt sich nützlich, wenn man etwas tut, das auch für andere wichtig ist. Im Bereich der politischen Ökonomie hat die Nutzlosigkeit zwar zugenommen, doch man könnte annehmen, dieser Verlust ließe sich durch eher informelle Beziehungen innerhalb der Zivilgesellschaft ausgleichen. So könnte ein angeblich nicht mehr einsetzbarer Programmierer eine durchaus nützliche Tätigkeit in der Gemeinde oder in einer kirchlichen Organisation übernehmen. Dieser Ansatz folgt aus Robert Putnams Schriften über das Sozialkapital, die den ehrenamtlichen Tätigkeiten entscheidende Bedeutung beimessen. Nun sind ehrenamtliche Tätigkeiten ohne Zweifel wertvoll, doch dieser Ansatz läuft Gefahr, Nützlichkeit auf ein Hobby zu reduzieren.

Eine folgenreichere Interpretation der Nützlichkeit findet sich in zwei anderen Bereichen: erstens im öffentlichen Dienst und zweitens bei Menschen, die unbezahlte Arbeit im Haushalt leisten.

Vor einigen Jahren nahm ich an einer Befragung von Mitgliedern des öffentlichen Dienstes in Großbritannien teil. Das Spektrum der Befragten reichte von Straßenkehrern bis hin zu Chirurgen in staatlichen Krankenhäusern.[59] Seit einer Generation standen sie – wie ihre Kollegen und Kolleginnen in Amerika – unter Beschuss. Ihre Institutionen galten als ineffizient und sie selbst als Menschen, die in der Welt der Privatwirtschaft keinen Erfolg hätten. Viele der Befragten waren durchaus selbstkritisch. Sie wussten aus eigener Erfahrung, wie rigide und risikofeindlich diese staatlichen Bürokratien waren. Doch trotz dieser

59 Richard Sennett, »The Common Good«, a.a.O.

Kritik blieben sie im öffentlichen Dienst. Und wir fragten sie nach dem Grund.

So befragte ich einmal Immigrantinnen, die in einem heruntergekommenen staatlichen Krankenhaus Bettpfannen wechselten. Ich sagte ihnen, dass sie in besser geführten Privatkliniken doch mehr verdienen könnten. Der Grund, weshalb diese Pflegehelferinnen in den staatlichen Krankenhäusern blieben, hatte mit dem Status zu tun. Der Zweck des National Health Service – eine medizinische Versorgung für alle sicherzustellen – genießt bei den meisten Briten großes Ansehen. Und die Anstellung in dieser Institution gab diesen Immigrantinnen einen institutionellen Platz in der britischen Gesellschaft.

Der Begriff des Status gehört zu den irreführendsten Ausdrücken im Wortschatz der Soziologen. Er wird zwar oft als Synonym für Angebertum verwendet, doch in seiner tieferen Bedeutung hat er etwas mit Legitimation zu tun. Man besitzt einen Status, wenn man durch Institutionen eine gewisse Legitimation erhält. In diesen Rahmen gehört auch »nützlich sein«. Es bedeutet, nicht nur privat etwas Gutes zu tun, sondern mit seiner Tätigkeit auch öffentliche Anerkennung zu finden.

Ähnliche Einstellungen fanden wir bei der Befragung von Unteroffizieren der Armee, die dort blieben, statt eine besser bezahlte Stellung bei privaten Sicherheitsdiensten anzunehmen. Natürlich gibt es auch Faulenzer, vor allem bei den britischen Verkehrsbetrieben. Doch auch dort übten die Kollegen erheblichen Druck auf solche Drückeberger aus und legten großen Wert auf »professionelles« Verhalten – ein weiterer mit »Status« verwandter Begriff. In anderen Teilbereichen meines Projekts sprachen wir auch mit Menschen, die höhere Positionen innerhalb des öffentlichen Dienstes innehatten. Obwohl ihre Antworten auf die Frage, warum sie im öffentlichen Dienst blieben, sprachlich elaborierter ausfielen, liefen sie doch auf dieselbe Begründung hinaus: mehr Anerkennung für die eigene Arbeit als in der Privatwirtschaft. Und obwohl durch die

Arbeitsbedingungen in den Finanzämtern und den Dienststellen des Innenministeriums jeder zum Trinker werden könnte, macht der Zweck dieser Institutionen die Arbeit dort für die Öffentlichkeit bedeutsam und damit auch für die Beschäftigten sinnvoll.

Aus diesen Gründen geht es beim »nützlich sein« eher um den öffentlichen als um den privaten Status. Es geht um den Wert des Staates, der denen, die nützliche Arbeit verrichten, einen Status verleiht. Wie wir gesehen haben, entfernen sich die fortschrittlichen Institutionen von Fragen der Autorität und der Legitimation, weil sie damit nicht umgehen können. Und aus diesem sozialen Grund wäre es in meinen Augen eine wahrhaft progressive Politik, den Staat als Arbeitgeber zu stärken, statt Teile des öffentlichen Dienstes zu privatisieren.

Wenn wir erst einmal positiv über den Staat als Quelle legitimer nützlicher Tätigkeit denken, kann progressive Politik sich auch den Menschen zuwenden, die nützliche Arbeit in der Familie verrichten, den Müttern, die ihre Kinder versorgen, und den Erwachsenen, die ihre alten Eltern pflegen. Nach meiner Meinung sollte der Staat sie bezahlen. In Putnams Augen sind die Menschen, die sich ehrenamtlich und ohne Gegenleistung für andere einsetzen, der höchste Test auf das Sozialkapital. Das Irrige an diesem Denken ist die Gleichsetzung häuslicher Nützlichkeit mit Altruismus. Die Pflegetätigkeit mag ja Ausdruck von Liebe sein, doch die Arbeit selbst hat keinen öffentlichen Status. Sie ist ein unsichtbares Geschenk, und viele Menschen haben das Gefühl, damit aus der Gesellschaft der übrigen Erwachsenen herausgefallen zu sein. Wenn der Staat die Pflegetätigkeit honorierte, müssten die Menschen nicht mehr in dieser Vorhölle arbeiten.

Praktisch gesehen nehmen Versorgungs- und Pflegetätigkeiten aller Art einen beträchtlichen Teil der im Haushalt aufgebrachten Zeit und Mühe in Anspruch. Die Wirtschaft zog daraus Nutzen, indem sie einen Keil zwischen bezahlte und unbezahlte Arbeit trieb. Heute ist dieses Verhältnis aus dem Gleichgewicht geraten, da immer mehr alte Menschen versorgt werden müssen und immer mehr Frauen den Wunsch haben, außerhalb der Familie eine berufliche Karriere zu machen. Beide Veränderungen bieten Immigrantinnen heute größere Chancen, in der Kinderbetreuung und der Altenpflege eine Anstellung zu finden. Doch gegen diesen Trend besteht eine emotionale wie auch praktische Notwendigkeit, die Alten und die Kinder in einer Weise zu versorgen, die nur von Familienmitgliedern geleistet werden kann. Ich meine, eine wahrhaft progressive Politik sollte das sowohl Frauen als auch Männern ermöglichen.

Wenn die Reformer akzeptierten, dass Nützlichkeit ein öffentliches Gut darstellt, könnten sie etwas gegen die Angst vor jener Nutzlosigkeit unternehmen, die von den dynamischsten Sektoren der modernen Wirtschaft ausgelöst wird. Aus den im zweiten Kapitel genannten Gründen vermag der Kult der Meritokratie gegen diese Ängste nichts auszurichten. Größere Chancen auf eine verbesserte gesellschaftliche Integration eröffnen sich, wenn wir nach neuen Möglichkeiten suchen, wie Menschen als nützliche Mitglieder der Gesellschaft Anerkennung finden. »Nützlichkeit« ist mehr als ein militaristisches Tauschverhältnis. Sie ist eine symbolische Zuschreibung, die größeren Wert besitzt, wenn sie vom Staat ausgeht, wie es selbst für die untersten Beschäftigtengruppen des öffentlichen Dienstes gilt, nicht aber für die Menschen, die allein im Haushalt arbeiten.

Die handwerkliche Einstellung

Der dritte Wert, der ein Gegengewicht zur Kultur des neuen Kapitalismus bilden könnte, ist die handwerkliche Einstellung. Sie stellt die radikalste Herausforderung dar, lässt sich politisch aber am schwersten fassen.

Die handwerkliche Einstellung bezeichnet im weitesten Sinne den Wunsch, etwas um seiner selbst willen gut zu tun. Alle Menschen wünschen sich die Befriedigung, etwas gut zu tun, und möchten an das glauben, was sie tun. Doch in der Arbeitswelt, im Bildungswesen und in der Politik vermag die neue Ordnung diesen Wunsch nicht zu erfüllen. Die neue Arbeitswelt ist zu mobil, als dass der Wunsch, etwas um seiner selbst willen gut zu tun, sich über Jahre oder Jahrzehnte in der Erfahrung des Einzelnen entwickeln könnte. Das Bildungswesen, das die Menschen auf mobile Arbeit vorbereitet, begünstigt die leicht zu findenden Lösungen gegenüber dem Bemühen um ein tieferes Verständnis. Und der politische Reformer, der die Kultur der fortgeschrittensten privaten Institutionen nachahmt, verhält sich eher wie ein Konsument auf der ständigen Suche nach Neuem und kaum wie ein Handwerker, der stolz auf die Dinge ist, die er gemacht hat und die er besitzt.

Die größte Herausforderung stellt die handwerkliche Einstellung für jenes ideale Ich dar, das die neue Arbeitswelt, das Bildungswesen und die politischen Institutionen voraussetzen. Dieses Ich ist wandlungsfähig und ein Meister des *Prozesses*. Anfangs priesen Psychologen wie Abraham Maslow dieses ideale Ich als sensibel, offen für Erfahrungen, wachstumsfähig und voll potenzieller Kräfte. Und es besitzt in der Tat reale Stärken, während die handwerkliche Einstellung in gewisser Weise von geringerer Reichweite und stärker eingeschränkt ist. Die Sorge, etwas richtig zu tun, mobilisiert zwanghafte Elemente des Ich. Und etwas richtig zu machen, kann dann zu einem kleinlichen Besitzstandsdenken führen. Konkurrenz ist dem Handwerker keineswegs fremd, und ein guter Handwerker, ob er nun Programmierer, Musiker oder Zimmermann ist, kann äußerst intolerant gegenüber Menschen sein, die unfähig oder einfach nicht so gut sind.

Aus all diesen Gründen besitzt die handwerkliche Einstellung einen Vorzug, der dem in der neuen Kultur vertretenen

Idealbild des Beschäftigten, des Schülers oder Bürgers fehlt. Und das ist das Gefühl der inneren Verpflichtung. Hier geht es nicht allein darum, dass der obsessive, wettbewerbsorientierte Handwerker sich verpflichtet fühlen mag, etwas gut zu tun, sondern mehr noch darum, dass er an den objektiven Wert seines Tuns glaubt. Ein Mensch kann Worte wie »korrekt« oder »richtig« zur Beschreibung seines Tuns nur dann verwenden, wenn er an einen objektiven Maßstab jenseits seiner eigenen Wünsche und sogar jenseits äußerer Belohnungen glaubt. Etwas selbst dann richtig zu tun, wenn man vielleicht gar nichts dafür bekommt, das ist wahrer Handwerksgeist. Und wie ich meine, vermag nur solch ein uneigennütziges Gefühl des Engagements und der Verpflichtung die Menschen emotional zu erheben. Anderenfalls unterliegen sie im Kampf ums Überleben.

Wir haben gesehen, weshalb Engagement und Verpflichtung im neuen Kapitalismus eine Ressource darstellen, die ebenso knapp ist wie institutionelle Loyalität. Ein solches Gefühl wäre auch irrational. Denn wie könnten wir uns einer Institution verpflichtet fühlen, die sich uns gegenüber nicht verpflichtet fühlt? Ebenso schwer fällt solch ein Gefühl der Verpflichtung bei dem Rezept, das die neue Kultur für das Talent bereithält. Mentale Mobilität vermeidet jedes tiefere Engagement. Die Fähigkeiten konzentrieren sich auf operationale Techniken wie beim Akademischen Eignungstest. Man übt eher Problemlösung als Problemfindung. Das heißt, die Menschen lösen sich von der Realität, die außerhalb ihres Einwirkungsbereichs liegt.

Das Gefühl der Verpflichtung und des Engagements wirft eine noch tiefere Frage hinsichtlich des Ich als Prozess auf. Engagement bedeutet eine gewisse Abschließung. Man lässt Möglichkeiten ungenutzt, um sich auf eine Sache zu konzentrieren. Man lässt sich manches entgehen. Die neue Kultur übt aber erheblichen Druck auf den Einzelnen aus, damit er sich nichts entgehen lässt. Statt zur Abschließung rät diese Kultur zum Loslassen. Wir sollen Verbindungen aufgeben, um frei zu sein, vor allem solche Verbindungen, die mit der Zeit gewachsen sind.

Was ich in diesem Buch zu erkunden versucht habe, erweist sich damit als paradox. Ich habe versucht, so tief wie möglich in eine Lebensweise einzudringen, die immer oberflächlicher wird, in eine neue Kultur, welche die für handwerkliche Einstellung typische Mühe und Selbstverpflichtung ablehnt. Da die Menschen nur dann sicheren Halt in ihrem Leben finden können, wenn sie versuchen, etwas um seiner selbst willen gut zu tun, erscheint mir der Triumph der Oberflächlichkeit in Arbeit, Schule und Politik sehr zweifelhaft. Und vielleicht wird die Revolte gegen diese entkräftete Kultur die nächste neue Seite der Geschichte sein, die wir aufschlagen müssen.